Good Learning - Guide zur agilen Lernbegleitung in Unternehmen

Jürgen Sammet · Jacqueline Sammet

Good Learning - Guide zur agilen Lernbegleitung in Unternehmen

Psychologisch fundierte Lernansätze zum wirksamen Re- und Upskilling

Jürgen Sammet
sammet & partner
Kitzingen, Deutschland

Jacqueline Sammet
sammet & partner
Kitzingen, Deutschland

ISBN 978-3-662-68511-2   ISBN 978-3-662-68512-9 (eBook)
https://doi.org/10.1007/978-3-662-68512-9

Die Deutsche Nationalbibliothek verzeichnet diese Publikation in der Deutschen Nationalbibliografie; detaillierte bibliografische Daten sind im Internet über https://portal.dnb.de abrufbar.

© Der/die Herausgeber bzw. der/die Autor(en), exklusiv lizenziert an Springer-Verlag GmbH, DE, ein Teil von Springer Nature 2024

Das Werk einschließlich aller seiner Teile ist urheberrechtlich geschützt. Jede Verwertung, die nicht ausdrücklich vom Urheberrechtsgesetz zugelassen ist, bedarf der vorherigen Zustimmung des Verlags. Das gilt insbesondere für Vervielfältigungen, Bearbeitungen, Übersetzungen, Mikroverfilmungen und die Einspeicherung und Verarbeitung in elektronischen Systemen.
Die Wiedergabe von allgemein beschreibenden Bezeichnungen, Marken, Unternehmensnamen etc. in diesem Werk bedeutet nicht, dass diese frei durch jedermann benutzt werden dürfen. Die Berechtigung zur Benutzung unterliegt, auch ohne gesonderten Hinweis hierzu, den Regeln des Markenrechts. Die Rechte des jeweiligen Zeicheninhabers sind zu beachten.
Der Verlag, die Autoren und die Herausgeber gehen davon aus, dass die Angaben und Informationen in diesem Werk zum Zeitpunkt der Veröffentlichung vollständig und korrekt sind. Weder der Verlag noch die Autoren oder die Herausgeber übernehmen, ausdrücklich oder implizit, Gewähr für den Inhalt des Werkes, etwaige Fehler oder Äußerungen. Der Verlag bleibt im Hinblick auf geografische Zuordnungen und Gebietsbezeichnungen in veröffentlichten Karten und Institutionsadressen neutral.

Einbandabbildung: © Prostock-studio / stock.adobe.com

Planung/Lektorat: Marion Kraemer
Springer ist ein Imprint der eingetragenen Gesellschaft Springer-Verlag GmbH, DE und ist ein Teil von Springer Nature.
Die Anschrift der Gesellschaft ist: Heidelberger Platz 3, 14197 Berlin, Germany

Wenn Sie dieses Produkt entsorgen, geben Sie das Papier bitte zum Recycling.

Für Paul, Josef, Theodor

Gender-Hinweis

In dem Buch wird darauf verzichtet, bei Personenbezeichnungen sowohl die männliche als auch die weibliche Form zu nennen. Die männliche Form gilt in allen Fällen, in denen dies nicht explizit ausgeschlossen wird, für alle Geschlechter.

Inhaltsverzeichnis

1	**Einleitung**	1
	Literatur	4
2	**Good Learning**	5
2.1	Die drei Gaps betrieblichen Lernens	7
2.1.1	Kompetenz-Gap	7
2.1.2	Business-Gap	7
2.1.3	Wirkungs-Gap	9
2.2	Die drei E betrieblichen Lernens	11
2.2.1	Effektivität	11
2.2.2	Effizienz	13
2.2.3	Empowerment	16
	Literatur	19
3	**Agile Lernbegleitung mit PETRA-BAL**	23
3.1	Grundsätze	24
3.2	Learning Loops	26
3.3	Anwendungsszenarien	28
	Literatur	31
4	**P – Planen**	33
4.1	Warum lernen?	34
4.2	Was lernen?	35
4.3	Wie lernen?	37
	Literatur	41
5	**E – Erschließen**	43
5.1	Kuratieren: vorhandenen Content nutzen	47
5.2	Produzieren: Dokumente, Audios, Videos	49
5.3	Trainieren: online und in Präsenz	59
5.4	Brokern: Experten vermitteln	65
5.5	Coachen: selbstgesteuertes Lernen unterstützen	67
	Literatur	71
6	**T – Tun**	73
6.1	Vorbereitung	75
6.2	Durchführung	77
6.3	Nachbereitung	79
	Literatur	80
7	**R – Reflektieren**	83
7.1	Selbsteinschätzung	84
7.2	Fremdeinschätzung	85
	Literatur	91

8	**A – Auswerten**	93
8.1	Vorgehen	95
8.2	Lerntransfer sichern	96
	Literatur	98
9	**B – Begleiten**	99
9.1	Definition und Anlässe	100
9.2	Beratungshaltungen	101
9.3	Themen und Lösungen	103
	Literatur	108
10	**A – Austauschen**	109
10.1	Inhalte	112
10.2	Ebenen und Formate	113
10.3	Aufgaben des Lernbegleiters	115
	Literatur	120
11	**L – Lernkultur**	123
11.1	Dimensionen	124
11.2	Stakeholdermanagement	127
11.3	Lernmarketing	131
	Literatur	134
12	**Schluss**	135

Einleitung

Inhaltsverzeichnis

Literatur – 4

© Der/die Autor(en), exklusiv lizenziert an Springer-Verlag GmbH, DE, ein Teil von Springer Nature 2024
J. Sammet, J. Sammet, *Good Learning - Guide zur agilen Lernbegleitung in Unternehmen*,
https://doi.org/10.1007/978-3-662-68512-9_1

> Lernen wird zum zentralen Faktor für Unternehmen und beeinflusst den Unternehmenserfolg nachhaltig.

„New Work erfordert New Learning" – das betonten wir im Vorwort unseres 2019 erschienenen Buches (Sammet und Wolf 2019). Unsere Absicht war, aufzuzeigen, wie sich die Lernwelt von den klassischen Präsenztrainings hin zu innovativen Ansätzen wie digitalem, selbstgesteuertem und individualisiertem Lernen verlagert. Seit dieser Veröffentlichung haben sich Arbeit und Lernen rapide weiterentwickelt. Die digitale Transformation beschleunigt sich und Krisen treten immer häufiger und unvorhersehbarer auf. Der Begriff **VUCA** (**V**olatile, **U**ncertain, **C**omplex, **A**mbiguous) wird nun um **BANI** (**B**rittle, **A**nxious, **N**on-linear, **I**ncomprehensible) ergänzt. Es wird immer deutlicher, dass umfassende Veränderungen in Organisation, Führung und Zusammenarbeit notwendig sind. Parallel dazu wächst die Erkenntnis, dass Lernen nicht mehr nur „nice to have" ist. Lernen wird zum zentralen Faktor für Unternehmen und beeinflusst den Unternehmenserfolg nachhaltig (Harwardt et al. 2022).

Als Konsequenz herrscht in vielen Organisationen reger Aktivismus. Vor allem digitale und selbstorganisierte Lernangebote sprießen aus dem Boden, technologische Neuerungen führen zu immer neuen Tools, und welche Auswirkungen ChatGPT und andere KI auf betriebliches Lernen haben, fangen wir gerade erst an zu begreifen. Im Gegensatz dazu verlieren traditionelle Bildungsangebote wie Trainings oder Schulungen an Bedeutung. Für den Einzelnen steigt der Druck, mit diesen rasanten Entwicklungen Schritt zu halten – der Aufruf zum „lebenslangen Lernen" ist allgegenwärtig. Im *Future of Jobs Report 2023* des World Economic Forum rangieren „Curiosity and Lifelong Learning" auf Platz fünf der wichtigsten Future Skills (World Economic Forum 2023).

Doch diese Entwicklung hat auch Schattenseiten: Ein übermäßiger Fokus auf das „Neue" kann dazu führen, dass bewährte und wissenschaftlich fundierte Lernmethoden übersehen oder gar verworfen werden, wie zum Beispiel das oft kritisierte Lernen durch Instruktion. „Lebenslanges Lernen" kann zur Zumutung und Überforderung werden. Hinzu kommt, dass oft behauptet wird, wir würden heute „anders" lernen als frühere Generationen. Diese Behauptung trifft auf die „äußeren" Aspekte des Lernens zu, vor allem angesichts der Vielzahl neuer Tools und Formate, die durch die rasante technologische Entwicklung ermöglicht werden. Künstliche Intelligenz, Multimedia, das Internet mit seinen nahezu unerschöpflichen Wissensquellen und Möglichkeiten des Netzwerkens und Austauschs, all dies hat das Lernen revolutioniert. Zusätzlich haben sich die Anforderungen an das betriebliche Lernen stark gewandelt: Es soll heute „on demand" verfügbar sein und möglichst zeit- und ortsunabhängig erfolgen (mmb Institut 2023).

Einleitung

Doch bei all diesen Entwicklungen darf nicht übersehen werden, dass diese äußeren Faktoren lediglich die Rahmenbedingungen des Lernens beeinflussen, nicht aber den „inneren" Lernprozess selbst. Lernen ist in erster Linie ein psychischer und kein technologischer Vorgang. Zwar ist unser psychisches System nicht völlig unabhängig von äußeren Einflüssen, in seinen Grundzügen erweist es sich jedoch als relativ stabil. Die Art und Weise, wie wir Informationen aufnehmen und verarbeiten, was uns motiviert oder demotiviert zu lernen, unterscheidet uns nicht wesentlich von früheren Generationen (Brünken et al. 2019). Diese Erkenntnis ist entscheidend, um die Wirksamkeit von Lernprozessen zu verstehen und zu verbessern. Technologien können unterstützen, strukturieren und den Zugang zu Informationen erleichtern, doch der eigentliche Prozess des Lernens – das Verstehen, Integrieren und Anwenden von Wissen – bleibt eine tief menschliche, psychische Aktivität. Es ist daher wichtig, dass Lernangebote nicht nur technologisch fortschrittlich sind, sondern auch psychologisch fundiert, um den tatsächlichen Bedürfnissen und Fähigkeiten der Lernenden gerecht zu werden. Abgesehen davon wäre es ein Trugschluss, zu glauben, dass alles, was als „neu" verkauft wird, tatsächlich neu ist. So findet sich etwa das Konzept des arbeitsintegrierten Lernens bereits in der mittelalterlichen Meisterlehre (Hasselhorn und Gold 2022), Performance Support mithilfe von Filmen wurde schon vor 70 Jahren in der britischen Armee genutzt (Clark 2019) und über Möglichkeiten und Grenzen selbstgesteuerten Lernens wird in der pädagogischen Psychologie seit den 70er-Jahren leidenschaftlich diskutiert (Witt 2016).

Der Prozess des Lernens bleibt eine tief menschliche, psychische Aktivität.

- **„Good Learning" statt „New Learning"**

Statt von „New Learning" sprechen wir deshalb lieber von „Good Learning". Good Learning setzt die Qualität der Ergebnisse über Trends: Es geht darum, was funktioniert, unabhängig von der Methode oder dem Medium und unabhängig davon, ob es „new" oder „old" ist. Es ist der Effekt, der zählt. Good Learning kann mit den „drei E" beschrieben werden: Lernen soll effektiv, effizient und empowernd sein. Diese drei Aspekte sind keineswegs moderne Entdeckungen, sondern werden in der Psychologie seit Jahrzehnten intensiv behandelt. In der gegenwärtigen Diskussion über betriebliches Lernen geraten diese bewährten Prinzipien aber leider oft in den Hintergrund. Stattdessen beherrschen technische, ökonomische oder auch modische Aspekte das Feld. Dies ist eine bedauerliche Entwicklung, da Effektivität, Effizienz und Empowerment die Grundpfeiler eines jeden wirkungsvollen Lernprozesses darstellen. Diese Prinzipien sind nicht nur durch Jahrzehnte der Forschung fundiert, sondern haben sich auch in der Praxis be-

Good Learning ist effektiv, effizient und empowernd.

währt. Anliegen des Buches ist es, diese Kernelemente wieder stärker in den Vordergrund zu rücken und sie als unverzichtbare Bestandteile der Gestaltung von Lernumgebungen auszuweisen.

Das Buch gliedert sich in einen theoretischen und einen praktischen Teil: Im theoretischen Teil beleuchten wir die lerntheoretischen Grundlagen von Good Learning. Im praktischen Abschnitt stellen wir das über Jahre hinweg von uns entwickelte und optimierte Framework der „agilen Lernbegleitung" vor. Agile Lernbegleitung ist die praktische Umsetzung von Good Learning und bietet einen flexiblen und zugleich strukturierten Weg, um individuelles Lernen in Unternehmen effektiv, effizient und empowernd zu gestalten.

Literatur

Brünken, R., Münzer, S. & Spinath, B. (2019). Pädagogische Psychologie – Lernen und Lehren. Hogrefe Verlag GmbH & Company KG.

Clark, R. C. (2019). Evidence-Based Training Methods, 3rd Edition: A Guide for Training Professionals. American Society for Training and Development.

Hasselhorn, M. & Gold, A. (2022). Pädagogische Psychologie: Erfolgreiches Lernen und Lehren. Kohlhammer Verlag.

Harwardt, M., Steuernagel, A., Schmutte, A., & Niermann, P. (Hrsg.) (2022). Lernen im Zeitalter der Digitalisierung: Einblicke und Handlungsempfehlungen für die neue Arbeitswelt. Springer Gabler.

mmb Institut GmbH (Hrsg.). (2023). Weiterbildung und digitales Lernen heute und in drei Jahren. Vertrauen in Adaptive Learning wächst stark. Ergebnisse der 17. Trendstudie mmb Learning Delphi. mmb-Trendmonitor. https://www.mmb-institut.de/wp-content/uploads/mmb-Trendmonitor_2022-2023.pdf

Sammet, J., & Wolf, J. (2019). Vom Trainer zum agilen Lernbegleiter: So funktioniert Lehren und Lernen in digitalen Zeiten. Springer.

Witt, S. (2016). Selbstgesteuertes Lernen. Hg. v. Deutsches Institut für Erwachsenenbildung Leibniz-Zentrum für Lebenslanges Lernen e. V. Bonn. Online verfügbar unter https://www.die-bonn.de/wb/2016-selbstgesteuertes-lernen-01.pdf (23.09.2023)

World Economic Forum. (2023, Mai 2). Future of jobs: These are the most in-demand skills in 2023 – and beyond. Abgerufen am 3. September 2023, von https://www.weforum.org/agenda/2023/05/future-of-jobs-2023-skills/

Good Learning

Inhaltsverzeichnis

2.1　　Die drei Gaps betrieblichen Lernens – 7
2.1.1　Kompetenz-Gap – 7
2.1.2　Business-Gap – 7
2.1.3　Wirkungs-Gap – 9

2.2　　Die drei E betrieblichen Lernens – 11
2.2.1　Effektivität – 11
2.2.2　Effizienz – 13
2.2.3　Empowerment – 16

　　　　Literatur – 19

© Der/die Autor(en), exklusiv lizenziert an Springer-Verlag GmbH, DE, ein Teil von Springer Nature 2024
J. Sammet, J. Sammet, *Good Learning - Guide zur agilen Lernbegleitung in Unternehmen*,
https://doi.org/10.1007/978-3-662-68512-9_2

In diesem Buch geht es um das Lernen in Unternehmen. Das Ziel betrieblichen Lernens ist es, Mitarbeitende in ihrer beruflichen Entwicklung zu unterstützen und so zu gewährleisten, dass sie ihre Aufgaben effizient erfüllen können. Das kann sich auf eine konkrete Anforderung im Rahmen der aktuellen beruflichen Tätigkeiten oder auf die Erweiterung von bereits bestehenden Qualifikationen beziehen. In diesem Fall sprechen wir von Fortbildung oder auch **Upskilling**.

Richtet sich das Lernen auf zukünftige Aufgaben und neue Qualifikationen, spricht man von Weiterbildung oder **Reskilling**. Der Zweck betrieblichen Lernens ist immer die Steigerung der individuellen Performance. Für die Organisation bedeutet dies den Erhalt oder die Steigerung der Gesamtperformance, für den Einzelnen den Erhalt und den Ausbau seiner Beschäftigungsfähigkeit (Dehnbostel 2022).

> Im betrieblichen Lernen steht die Kompetenzentwicklung im Vordergrund.

Auch wenn es in der Praxis oft anders aussieht, steht im betrieblichen Lernen die Entwicklung von Kompetenzen im Vordergrund. Zum Begriff der „Kompetenz" existiert eine ausführliche und tiefgreifende Diskussion (Mulder 2017). Als durchgängiges Merkmal lässt sich jedoch resümieren, dass Kompetenz stets die Fähigkeit und Bereitschaft einschließt, komplexe und neuartige Probleme zu lösen. Kompetenzen zielen immer auf erfolgreiches Handeln ab (Kerres 2021). Mit der Dynamik der heutigen Arbeitswelt steigt die Notwendigkeit, sich in ungewohnten Situationen zurechtzufinden, weshalb **Kompetenzentwicklung** umso wichtiger wird.

Qualifikation und Bildung ist nicht dasselbe!
Neben dem betrieblichen Lernen, das sich primär an den Anforderungen der Arbeitswelt orientiert und Kompetenzen fokussiert, existieren andere Lernfelder, wie das schulische oder persönliche Lernen. Jedes dieser Lernfelder hat seine eigene Logik und seine Eigenheiten, auch wenn Überschneidungen vorhanden sind. Während es im betrieblichen Lernen letztlich um Qualifikationen geht, also darum, spezifische Aufgaben der Arbeitswelt zu erfüllen, legen andere Lernfelder den Schwerpunkt auf Bildung. Bildung geht über die reine Qualifikation hinaus und strebt ein reflektiertes Verhältnis zu sich selbst und der Welt an (Nida-Rümelin 2013). Bildung hat immer mit dem „guten Leben" in seiner Gesamtheit zu tun, und Arbeit – so erfüllend sie auch sein mag – ist (hoffentlich!) immer nur ein Teilaspekt dieses Lebens. Die Kompetenzen, die mich zu einer erfolgreichen Führungskraft machen, sind anders gelagert als die, die mich einen verständnisvollen Partner, verantwortungsvollen Elternteil, engagierten Bürger oder zufriedenen Menschen sein lassen. Deswegen sollte Qualifikation nicht mit den tiefgehenden Implikationen von Bildung überfrachtet werden. Umgekehrt sollten die Imperative betrieblicher Bildung nicht auf alle anderen Lebensbereiche ausgedehnt werden. Denn sonst würde man der Gefahr einer entgrenzten Selbstoptimierung unterliegen (Habermas 1981; Röcke 2021; Sammet 2022b).

2.1 Die drei Gaps betrieblichen Lernens

2.1.1 Kompetenz-Gap

Die Notwendigkeit für Kompetenzentwicklung ist enorm. Nach dem *Future of Jobs*-Report des World Economic Forum werden 44 % der Skills der Arbeitnehmenden in den nächsten fünf Jahren überholt sein. Folglich benötigen sechs von zehn Mitarbeitenden Re- und Upskilling bis 2027, aber „only half of workers are seen to have access to adequate training opportunities today" (WOF 2023, S. 7). Dass diese Veränderungen auch schon heute mehr als spürbar sind, belegt die Studie *Weiterbildung im Wandel* des TÜV-Verbands: 60 % der befragten Mitarbeitenden gaben an, dass sich ihre Arbeitsabläufe stark oder sehr stark verändert hätten, und 50 % sehen großen Weiterbildungsbedarf bei Themen wie Führung und Soft Skills (TÜV-Verband 2022).

Zu dem Digitalisierungsdruck kommt als weiteres Problem der Fachkräftemangel: Im Juni 2023 betrug laut dem *Fachkräftereport* die Anzahl der offenen Stellen für Qualifizierte über 1,26 Mio. (Tiedemann und Quispe 2023). Auch wenn das Problem des Fachkräftemangels durch betriebliches Lernen nicht umfassend gelöst werden kann, so stellt das gezielte Re- und Upskilling ein wichtiges Instrument zur Milderung des Problems dar.

Dass dieser Kompetenz-Gap den Unternehmenserfolg bedroht, wurde mittlerweile erkannt: Laut Statistischem Bundesamt haben im Jahr 2020 immerhin 77 % der deutschen Unternehmen Weiterbildungen angeboten (Statistisches Bundesamt 2022). Die gesamtwirtschaftlichen Ausgaben für betriebliches Lernen beliefen sich 2019 auf über 41 Mrd. € (Seyda und Placke 2020). Diese eindrucksvollen Zahlen dürfen aber nicht darüber hinwegtäuschen, dass das Thema „Lernen" meist nicht die Aufmerksamkeit bekommt, die angesichts der zugespitzten Situation nötig wäre.

> Der Kompetenz-Gap bedroht den Unternehmenserfolg und macht das Thema „Lernen" dringlich.

2.1.2 Business-Gap

Ein Phänomen, das ursächlich an der mangelnden Aufmerksamkeit für das Thema „Lernen" beteiligt ist, ist der sogenannte Business-Gap. Dieser hat zwei Seiten:

Auf der einen Seite werden oft die **Weichen vom Management falsch gestellt** und Lernen wird zu wenig wertgeschätzt. In einer solch mangelhaften Lernkultur dominieren die Anforderungen des Tagesgeschäfts und es fehlen die Ressourcen,

> Der Business-Gap zeigt sich durch mangelhafte Lernkultur und Unwissen über den Business Impact.

die Lernen unterstützen könnten. Führungskräfte nehmen hier eine Schlüsselrolle ein: Sie setzen maßgeblich den Standard für die Lernkultur, indem sie idealerweise Lernen als Priorität etablieren, Ressourcen bereitstellen und durch ihr eigenes Verhalten ein Vorbild sind. Doch die Realität sieht oft anders aus und Lernen wird als „nice to have" abgetan und nicht als strategisches Element des Unternehmenserfolgs erkannt (Kortsch et al. 2019).

Auf der anderen Seite ist unklar, welchen Beitrag betriebliches Lernen zur Wertschöpfung leistet. Nach dem LinkedIn *Workplace Learning Report* von 2017 sehen nur 8 % der befragten CEOs einen „Business Impact" durch L&D-Programme, und lediglich 4 % erkennen einen „Return on Investment" (ROI) (LinkedIn Learning 2017). Diese Zahlen machen einerseits die weitverbreitete Diskrepanz zwischen der Wahrnehmung der Unternehmensführung und der tatsächlichen Bedeutung von L&D (Learning und Development) bzw. HR (Human Resources) deutlich. Andererseits muss sich HR auch an die eigene Nase fassen und sich ehrlich fragen, welchen Business Impact sie tatsächlich leistet. Die oft zitierte **„HR-Bubble"** ist keineswegs nur eine Erfindung missgelaunter Blogger. Tatsächlich neigt HR dazu, sich in Diskussionen über die „richtigen" Lernmethoden und -technologien und die neuesten inhaltlichen Trends zu verlieren, anstatt den Fokus auf die eigentlichen Geschäftsanforderungen zu legen. Nach außen legitimiert sich HR häufig durch interessante Inhalte und coole Events, anstatt den Mehrwert für das Geschäft klar herauszustellen.

Das ursprüngliche Konzept des HR-Business-Partners hat sich in der Praxis vielfach zu einer Art „Business Servant" gewandelt. Anstatt proaktiv Performance- und Kompetenzlücken zu identifizieren und den Mehrwert von Lerninitiativen für das Geschäft zu kommunizieren, agiert HR oft reaktiv. Diese Entwicklung macht eine Transformation der HR-Abteilung hin zu einer radikalen Performanceorientierung dringend erforderlich. Es geht um Output, nicht um Input. Die zentrale Frage sollte nicht lauten „Welche Inhalte, Modelle und Theorien sollen mit welcher Methode gelernt werden?", sondern „Wie lässt sich das Problem lösen und der Kompetenz-Gap schließen?". Die Auswahl der Lernmethoden und -tools – ob digital oder analog, ob von Experten geleitet oder selbstgesteuert, ob formell oder informell – ist letztlich zweitrangig. Das Hauptziel muss stets die Lösung des konkreten Geschäftsproblems sein (◘ Abb. 2.1).

> Eine gemeinsame Performancekultur von HR und Management ist nötig.

Oft schiebt man sich gegenseitigen den Schwarzen Peter zu: HR beklagt eine „schlechte Lernkultur", das Management „fehlende Businessorientierung". Was nottut, wäre, zu einer gemeinsamen **Performancekultur** zu finden, in der Business-

[ ] Kompetenz-Gap
[ ] Business-Gap
[ ] Wirkungs-Gap

Abb. 2.1 Die drei Gaps betrieblichen Lernens

anforderungen und Lernperspektiven gleichermaßen Berücksichtigung finden (Willmore 2016).

2.1.3 Wirkungs-Gap

Mit dem Business-Gap ist der Wirkungs-Gap verlinkt. Selbst wenn Entwicklungsmaßnahmen präzise auf die Anforderungen des Geschäftsbetriebs ausgerichtet sind, bleibt die beabsichtigte Wirkung oft aus. Ein wesentlicher Grund dafür ist das Phänomen des **„Research-Practice Gap"** (Murray 2009): Statt auf fundierte wissenschaftliche Erkenntnisse stützt man sich beim betrieblichen Lernen auf Anekdoten und „Erfahrungswerte" und wiederholt die Lernmythen, die in sozialen Netzwerken ihr Unwesen treiben. Diese Praxis untergräbt nicht nur die Effektivität von Lern- und Entwicklungsmaßnahmen, sondern führt auch zu einer Verschwendung von Ressourcen.

Der Wirkungs-Gap wird besonders augenfällig, wenn man den Fokus auf den eigentlichen Zweck betrieblichen Lernens legt: den **Lerntransfer**. Obwohl Lernende von einem Angebot durchaus „begeistert" sein können, bleibt die Umsetzung im Arbeitsalltag oft aus. Studien weisen darauf hin, dass lediglich 10–30 % des Gelernten nachhaltig in der Praxis angewendet werden (Ford et al. 2011). Gris (2008) prägte dazu den Begriff der „Weiterbildungslüge", da trotz Investitionen in die Weiterbildung die praktische Umsetzung häufig ausbleibt.

> Der Wirkungs-Gap zeigt sich in der mangelnden Umsetzung von der Theorie in die Praxis.

Selbstorganisiertes Lernen wird oft als Lösung für dieses Transferdilemma angepriesen. Doch auch hier zeigen Untersuchungen, dass nur ein Bruchteil der Lernenden über die notwendigen Kompetenzen verfügt, ihr Lernen eigenständig zu organisieren (Graf et al. 2016). Eine Studie des Massachusetts Institute of Technology aus dem Jahr 2019 unterstreicht diese Problematik: Onlinekurse verzeichnen eine durchschnittliche Abbruchquote von etwa 96 %, und diese hohe Quote hat sich in den letzten sechs Jahren nicht verbessert (Reich und Ruipérez-Valiente 2019).

Damit Lernangebote zu wirkungsvollen Lernangeboten werden, ist es unerlässlich, wissenschaftliche Erkenntnisse in ihre Gestaltung zu integrieren. Diese liegen vor. Ein Beispiel ist die Analyse der empirischen Forschungslage zu Transferdeterminanten von Wißhak (2022), in der sie 19 Metaanalysen

> Wissenschaftliche Erkenntnisse müssen in die Gestaltung von Lernangeboten integriert werden.

aus dem Zeitraum zwischen 1988 und 2021 auswertete und eine Vielzahl an Determinanten zur Förderung des Lerntransfers identifizierte. Trotz der vorhandenen Forschungserkenntnisse zeigen die Ergebnisse der wbmonitor-Umfrage zum Wissenstransfer, dass weniger als die Hälfte der Befragten (47 %) der Ansicht sind, ihre beruflichen Aufgaben auch ohne Rückgriff auf wissenschaftliche Erkenntnisse bewältigen zu können (Christ et al. 2019). Diese Tendenz wird durch die Studie von Hutchins et al. (2010) bestätigt, in der Lehrende angaben, ihr Wissen über Lerntransfer hauptsächlich durch Berufserfahrung, den Austausch mit Kollegen, Bücher und das Internet zu erwerben, anstatt sich auf wissenschaftliche Fachzeitschriften zu stützen (Hutchins et al. 2010). Zum Schließen dieser Lücke entwickelten wir im Rahmen einer Interventionsstudie mit der Universität Konstanz und der Rheinland-Pfälzischen Technischen Universität Kaiserslautern-Landau (RPTU) die Train-the-Trainer-Maßnahme „Lerntransfer-Booster". Ziel war es, herauszufinden, inwieweit sich das Trainerwissen zum Lerntransfer durch Train-the-Trainer-Maßnahmen veränderte. Erste Ergebnisse weisen darauf hin, dass Upskilling-Maßnahmen zum Thema „Lerntransfer" einen Teil dazu beitragen können, den zitierten Research-Practice Gap zu schließen (Koch et al. 2022; eLearning Journal 2023).

Angesichts der beschriebenen Gaps stellt sich die zentrale Frage: Wie müssen Lernangebote gestaltet sein, dass diese Lücken geschlossen werden? Die Antwort lautet: Lernangebote müssen effektiv, effizient und empowernd sein.

> **Die drei Gaps im Überblick**
>
> **Kompetenz-Gap:** Wie lässt sich die Diskrepanz zwischen vorhandenen und benötigten Kompetenzen schließen? Dies erfordert eine sorgfältige Analyse und die Gestaltung zielgerichteter Entwicklungsmaßnahmen.
>
> **Business-Gap:** Wie lassen sich Geschäftsanforderungen und Entwicklungsmaßnahmen besser in Einklang bringen? Hier müssen Management und HR eine Performancekultur etablieren, die sowohl betriebliche als auch lernspezifische Aspekte berücksichtigt (Willmore 2016).
>
> **Wirkungs-Gap:** Wie lässt sich der Wirkungsgrad von Lernangeboten erhöhen? Um die Effektivität von Lernangeboten zu steigern, ist die Integration wissenschaftlicher Erkenntnisse unerlässlich. Nur so lässt sich sicherstellen, dass Investitionen in die Weiterbildung tatsächlich zu den erforderlichen Kompetenzen führen und somit den Unternehmenserfolg unterstützen.

2.2 Die drei E betrieblichen Lernens

Ziel von Good Learning ist die Gestaltung von Lernangeboten, die tatsächlich Wirkung entfalten. Dabei rücken nicht die Technologie oder die Auswahl von Tools in den Vordergrund, sondern die psychologischen Grundlagen des Lernens (◘ Abb. 2.2). Diese Orientierung führt zu drei zentralen Fragen, die den Kern eines jeden Lernprozesses bilden: Was soll gelernt werden? Wie soll gelernt werden? Welche Faktoren sind entscheidend für die Lernmotivation?

2.2.1 Effektivität

Die Kernfrage lautet hier: Lernen die Lernenden tatsächlich das, was sie benötigen, um die Herausforderungen in der Arbeit besser zu bewältigen? Die Effektivität betrieblicher Lernangebote richtet sich also danach, ob die gelernten Inhalte zur Lösung von realen aktuellen oder zukünftigen Problemen beitragen oder nicht. Genau an dieser Stelle entzündet sich oft die berechtigte Kritik an formalen Lernangeboten: Trainings oder Onlinekurse sind oft viel zu allgemein, um auf spezifische Herausforderungen eine Antwort geben zu können. In Zeiten volatiler Umwelten verändern sich die Themen und Situationen viel zu schnell, um auf standardisierte Angebote zurückzugreifen. Um diese, auch unter den Schlagworten „Gießkannenprinzip" oder „One Size fits None" bekannte, Problematik zu umgehen, bietet sich an, folgende vier Fragen zu stellen (Neelen und Kirschner 2020):

> Die Effektivität betrieblicher Lernangebote zeigt sich an ihrem Beitrag zur Lösung realer aktueller oder zukünftiger Probleme.

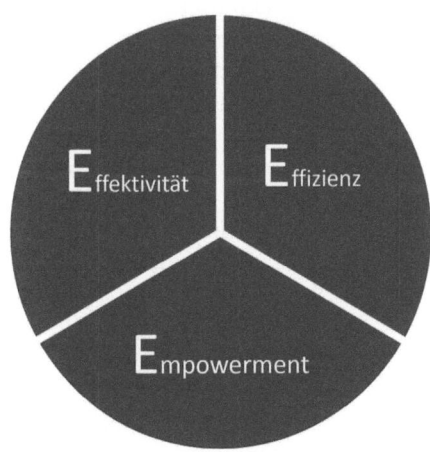

◘ Abb. 2.2 Die drei E betrieblichen Lernens

1. Was ist das Performance-Problem?

> Entscheidend ist, die wirklichen Performance-Probleme und ihre Ursachen zu identifizieren.

Diese Frage bezieht sich auf Herausforderungen, die im beruflichen Alltag auftreten, seien sie aktuell oder zukünftig erwartet. Der Fokus liegt darauf, die tatsächlichen Anforderungen zu identifizieren, anstatt auf standardisierte Inhalte und Modelle zurückzugreifen. So ist der Wunsch „Unsere Führungskräfte sollen Resilienz lernen!" keine Aussage über ein Performance-Problem, sondern schon eine potenzielle Lösungsstrategie. Dem Performance-Problem kommt man dagegen mit Fragen auf die Spur wie: Welche spezifische Situation hat diesen Wunsch hervorgerufen? Wie äußert sich das Problem konkret? Welche Konsequenzen treten auf? Mager und Pipe (1997) haben darauf hingewiesen, dass dieser vorschnelle Sprung zu Lösungen ein häufiges Phänomen im Kontext des betrieblichen Lernens ist. Dies kann dazu führen, dass Lernangebote entwickelt werden, die zwar gut gemeint sind, aber nicht die tatsächlichen Bedarfe und Herausforderungen der Mitarbeitenden adressieren. Daher ist es von zentraler Bedeutung, die wirklichen Performance-Probleme zu identifizieren, um zielgerichtete und effektive Lern- und Entwicklungsmaßnahmen zu gestalten.

2. Kann das Performance-Problem durch Lernen gelöst werden?

Hier geht es darum, zu erkennen, ob das Performance-Problem wirklich auf einen Mangel an Fähigkeiten, Fertigkeiten oder Wissen zurückzuführen ist oder ob es andere Ursachen hat. Oftmals ist der Ruf nach Schulungen und Weiterbildungsmaßnahmen schnell zur Hand. In vielen Fällen zeigt eine gründliche Analyse, dass die Ursachen für Leistungsprobleme komplexer sind und nicht allein durch Lernen behoben werden können. Oft sind strukturelle oder prozessuale Veränderungen in der Organisation erforderlich, die aber in der Regel aufwendiger umzusetzen sind. Entsprechend unbeliebt ist ein solcher Lösungsansatz bei den Stakeholdern. Umso wichtiger ist es, dass HR über das nötige Standing verfügt, um auch den Wünschen ihrer Stakeholder gegebenenfalls zu widersprechen.

3. Wie sieht der erwünschte Outcome aus?

> Die Definition des gewünschten Outcome ist unerlässlich.

Um den Erfolg eines Lernangebots zu messen, ist die Definition des gewünschten Outcome unerlässlich. Klare Indikatoren helfen zum einen dem Lernenden, seinen Lernfortschritt zu überprüfen. Sie ermöglichen zum anderen HR, Wert und Wirksamkeit der Lernangebote objektiv zu beurteilen sowie den Return on Investment kalkulieren zu können. Auf diese Weise wird sichergestellt, dass die gewählten Lernansätze tatsächlich zur Lösung des Perfomance-Problems beitragen. Nicht zuletzt ist auch die Frage, welchen Wert die Lernenden selbst dem Outcome zuschreiben, von entscheidender Bedeutung, denn ein hoher Wert erhöht die Wahrscheinlichkeit des Transfers des Gelernten in die Praxis (Colquitt et al. 2000).

4. **Was müssen die Mitarbeitenden lernen, um ihre Kompetenzlücken zu schließen?**

Erst im vierten Schritt geht es um die Frage nach den Lehr-/Lernzielen, Lerninhalten und Methoden. Was sind die spezifischen Bedürfnisse der Lernenden? Welche Kompetenzen sollen entwickelt werden? Welches Vorwissen ist vorhanden? Welche Erfahrungen gibt es bereits mit den verschiedenen Lernformaten und -technologien? Erst mit diesen Informationen lässt sich ein Lernangebot erstellen, das nicht nur die Kompetenzlücken schließt, sondern auch die individuellen Bedürfnisse und Voraussetzungen der Mitarbeitenden berücksichtigt.

> Ein Lernangebot muss die individuellen Bedürfnisse und Voraussetzungen der Mitarbeitenden berücksichtigen.

Dass bei der Effektivität von Lernangeboten dringender Handlungsbedarf besteht, unterstreicht auch der LinkedIn *Workplace Learning Report* 2023. Danach wird „mapping learning to business goals" zur obersten Priorität für L&D (LinkedInLearning 2023, S. 5). Um dies zu erreichen, ist es notwendig, dass Lernangebote nach dem Prinzip „Start at the End" (Mrohs 2023) entwickelt werden. Diese Maxime betont die Bedeutung, von Beginn an mit einem klaren Fokus auf die Lösung von Performance-Problemen und die Erreichung konkreter Geschäftsziele zu arbeiten, anstatt sich auf abstrakte oder isolierte Lerninhalte zu konzentrieren.

2.2.2 Effizienz

Betriebliches Lernen ist kein Selbstzweck. Die Hauptaufgabe der Mitarbeitenden besteht darin, bestimmte Funktionen und Aufgaben zu erfüllen, nicht primär darin, zu lernen. Lernen kommt immer dann ins Spiel, wenn durch ein Problem Abläufe und Routinen gestört werden. Daher ist eine effiziente Gestaltung des Lernens entscheidend: Es soll mit minimalem Ressourcenaufwand maximale Wirkung erzielen. Der Fokus auf Effizienz umfasst zwei Perspektiven: Zum einen hat die Organisation einen berechtigten Anspruch darauf, dass Lernangebote sowohl kosten- als auch zeiteffizient gestaltet sind. Zum anderen sollte der Lernprozess für die Mitarbeitenden selbst mit möglichst geringem mentalem Aufwand verbunden

> Eine effiziente Gestaltung des Lernens ist entscheidend.

sein. Auch wenn Lernen und Arbeit zunehmend zusammenwachsen, bleiben Lernaktivitäten doch stets eine Unterbrechung des wertschöpfenden Arbeitsprozesses.

Die Effizienz von Lernprozessen ist unmittelbar mit der Frage nach der richtigen Lernstrategie verknüpft. Spätestens mit der Verbreitung des 70-20-10-Modells durch Charles Jennings (2011) wird die Frage nach der „besten Lernstrategie" leidenschaftlich diskutiert. War früher formales, gesteuertes Lernen die Norm, so steht heute informelles und selbstgesteuertes Lernen hoch im Kurs.

> Es gibt nicht *die* beste Methode, entscheidend ist die beste Methode in Bezug auf den Zeitpunkt im Lernprozess.

Ein Blick in die Wissenschaft entlarvt diese Frage aber schnell als Scheinfrage: So wird in *The expertise reversal effect* (Kalyuga et al. 2003) festgestellt, dass Lernmethoden, die sich positiv auf Anfänger (mit geringem Vorwissen) auswirken, oft das Gegenteil bei Experten bewirken. Während Anfänger von detaillierten, schrittweisen Anleitungen profitieren, ziehen Experten das problemorientierte und selbstgesteuerte Lernen vor. Anfänger verfügen noch nicht über kognitive Schemata, an die neue Informationen angeknüpft werden können. Sie benötigen daher die Unterstützung eines Experten, um solche kognitiven Strukturen zu entwickeln. Sobald eine solide Wissensstruktur im Kopf vorhanden ist, fällt es der Person leichter, neue Informationen gezielt zuzuordnen. Für Experten, die bereits eine eigene kognitive Struktur entwickelt haben, können zu stark didaktisierte Lernstrukturen dagegen hinderlich sein. Wenn sie neues Wissen in einer vorgegebenen didaktischen Form lernen, müssen sie dieses Wissen in ihre bereits bestehende Struktur integrieren, was durchaus mühsam sein kann. Die Kontroverse, welche Methode denn nun die beste sei, Instruktion oder Konstruktion, formal oder informell, fremd- oder selbstgesteuert, findet damit ein Ende. Es gibt nicht *die* beste Methode. Es gibt immer nur die beste Methode in Bezug auf den Zeitpunkt im Lernprozess.

Für eine differenzierte Unterstützung Lernender hat sich die Methode „**Scaffolding**" bewährt (◘ Abb. 2.3). Diese Methode beruht auf der Idee, die Lernenden in der „Zone der nächsten Entwicklung" zu fördern, also in dem Bereich zwischen dem, was ein Lernender bereits selbstständig kann, und dem, was er mit Unterstützung und Anleitung erreichen könnte (Vygotsky 1978). Scaffolding, zu Deutsch „Gerüstbau", zielt darauf ab, die Lernenden dort abzuholen, wo sie stehen, und sie schrittweise an das selbstständige Lösen komplexerer Aufgaben heranzuführen. Sind die Lernenden noch unerfahren und besitzen ein geringes Vorwissen, so brauchen sie noch viel Unterstützung. Diese Unterstützung wird schritt-

2.2 · Die drei E betrieblichen Lernens

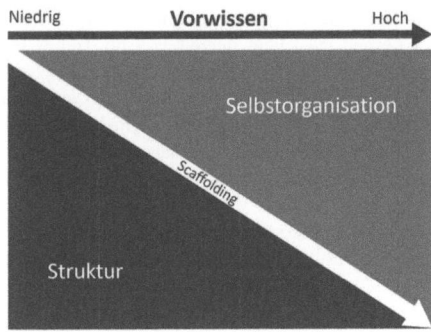

Abb. 2.3 Scaffolding

weise reduziert, bis sie in der Lage sind, die Aufgabe eigenständig zu bearbeiten. Dabei spielt die individuelle Anpassung der Unterstützung eine entscheidende Rolle und adaptive Lernangebote gewinnen an Bedeutung.

Die Metaanalyse von Alfieri et al. (2011) zeigt, dass solches „gestütztes" Lernen dem Lernen ohne Stützmaßnahmen deutlich überlegen ist. Diesen Bedarf an Struktur und Unterstützung unterstreichen auch die Ergebnisse der TÜV-Studie 2022 *Weiterbildung im Wandel*: 83 % der Befragten betrachten Präsenztrainings als die „attraktivste Lernform", gefolgt von Blended Learning mit 79 % und Liveonlinetrainings mit 73 %. Als weniger attraktive Formate gelten wenig strukturierte Lernformate wie Massive Open Online Courses mit 46 %, Web-Based-Trainings mit 54 % und Micro Learning mit 60 % (TÜV-Verband 2022).

Die Frage nach der effizientesten Lehr- und Lernmethode lässt sich vielleicht am besten mit dem Grundsatz „So viel Struktur wie nötig, so viel Freiraum wie möglich" beantworten. Die „Cognitive Load Theory" (CLT) liefert dazu eine Erklärung (Merriënboer und Sweller 2005). Sie betont die begrenzte Kapazität des menschlichen Arbeitsgedächtnisses, die in vielen Aspekten des Lernens als limitierender Faktor wirkt. Um einen „Cognitive Overload" zu vermeiden, ist es entscheidend, bei der Gestaltung von Lernangeboten alle nicht unbedingt erforderlichen Informationen und Aktivitäten zu minimieren. Sowohl eine überladene PowerPoint-Folie als auch die gleichzeitige Konzentration auf Lerninhalte und Lernform, wie sie beim selbstgesteuerten Lernen vorkommt, können das Arbeitsgedächtnis schnell überfordern. Effizienz entsteht durch die Kunst des Weglassens und des gezielten Unterstützens.

> Bei der Gestaltung von Lernangeboten ist ein „Cognitive Overload" zu vermeiden.

Allheilmittel „Selbstorganisiertes Lernen"?

Selbstgesteuertes Lernen (SL) liegt derzeit voll im Trend. Es erscheint als ideale Lösung, um flexibel und im „Moment of Need" den Lernbedarf in der VUCA-Welt zu decken. Dank digitaler Technologien ist SL zudem kosteneffizient und gut skalierbar. Der Trend reflektiert auch einen gesellschaftlichen Wertewandel hin zu mehr individueller Freiheit und Selbstbestimmung.

Doch SL ist ein zweischneidiges Schwert: Selbstverantwortung mag Freiräume schaffen, legt aber auch die Verantwortung in die Hände der Lernenden. Ohne entsprechende Unterstützung kann das schnell zur Überforderung führen. Gegen die Überhöhung des SL sprechen auch zahlreiche Studienergebnisse:

Nach einer Studie der Hochschule für angewandtes Management verfügen nur 16 % aller Lernenden über die erforderlichen Kompetenzen, um ihren Lernprozess adäquat zu gestalten (Graf et al. 2016). In einer anderen Studie weisen Carpenter et al. (2020) darauf hin, dass Lernende oft Schwierigkeiten haben, wirklich lernförderliche Angebote auszuwählen, da sie von falschen Annahmen über die Funktionsweise des Lernens ausgehen. Neelen und Kirschner (2020) betonen, dass Lernende mit geringem Vorwissen oft nicht wissen, was sie überhaupt lernen könnten, und daher Schwierigkeiten haben, realistische Lernziele zu setzen. Der Dunning-Kruger-Effekt (Dunning und Kruger 1999) verschärft dieses Problem. Er beschreibt das Phänomen, dass Menschen mit geringem Vorwissen ihre Fähigkeiten systematisch überschätzen.

Die Fähigkeit zum selbstgesteuerten Lernen ist also stark von unserem domänenspezifischen Vorwissen und unseren mentalen Modellen des Lernens abhängig. Kerres argumentiert deshalb: „Die Antwort wird also nicht sein, sich aus der Didaktisierung der Lernsituation zurückzuziehen, sondern eine angemessene Aufbereitung zu finden, die Selbststeuerung schrittweise fördert" (Kerres 2021, S. 61). In diesem Kontext ist das Konzept des „Scaffolding" besonders relevant. Merriënboer und Kirschner (2017) sprechen auch von „Second-Order Scaffolding", das sich nicht direkt auf die Lerninhalte, sondern auf den Prozess des selbstgesteuerten Lernens bezieht.

2.2.3 Empowerment

> Lernarrangements sind immer nur ein Angebot.

Die effektive und effiziente Gestaltung von Lernangeboten ist keine Garantie dafür, dass Lernen auch wirklich stattfindet. Lernen kann nicht hergestellt werden, sondern Learning Professionals können lediglich die Bedingungen schaffen, die Lernen eher wahrscheinlich machen. Das Angebots-Nutzungs-Modell (Helmke 2012) bringt diesen Aspekt auf den Punkt: Lernarrangements sind immer nur ein Angebot. Ob und wie die Lernenden dieses Angebot nutzen, entzieht sich der Verfügbarkeit und unterstreicht die Bedeutung der Lernmotivation.

Grundsätzlich sind Mitarbeitende offen für Weiterbildung. Nach einer Studie der Bitkom Akademie sehen 89 % der Befragten Weiterbildung als wichtig für ihre persönliche Entwicklung an. Für 84 % spielt die Möglichkeit zur Weiterbildung sogar eine entscheidende Rolle bei der Wahl des Arbeitgebers (Achenbach et al. 2022). Wenn es jedoch zur konkreten Umsetzung einer Weiterbildung kommt, lässt die

2.2 · Die drei E betrieblichen Lernens

Motivation häufig nach. Die bereits zitierte Abbruchquote von 96 % bei Onlinekursen dient hier als bezeichnendes Beispiel.

Gamification wird oft als motivierendes Element angepriesen. Eine Metaanalyse von Sailer und Homner (2019) zeigt jedoch, dass Gamification zwar positive, aber nur geringe Effekte auf die Lernmotivation hat. Gamification allein scheint nicht auszureichen, um die Herausforderungen der Lernmotivation umfassend zu bewältigen. Die Fokussierung auf „Awards" ist für eine nachhaltige Verhaltensänderung und für Kompetenzaufbau meist unzureichend.

Ein entscheidender Faktor im Kontext des betrieblichen Lernens wurde von Malcolm Knowles (1980), dem Begründer der Andragogik, identifiziert: Erwachsene sind besonders motiviert zu lernen, wenn der Lerninhalt unmittelbare Relevanz für ihre beruflichen Ziele aufweist. Knowles betont die Präferenz Erwachsener für problemorientierte Lernansätze. Sie sind nicht primär am Lernen um des Lernens willen interessiert, sondern daran, konkrete berufliche Herausforderungen zu meistern. Die Bereitschaft von Erwachsenen, sich in Lernprozesse einzubringen, steigt signifikant, wenn sie den direkten Nutzen des Lernens im Kontext ihrer beruflichen Anforderungen erkennen.

> Erwachsene sind motiviert zu lernen, um damit konkrete berufliche Herausforderungen zu meistern.

Die Selbstbestimmungstheorie von Ryan und Deci (2020) gibt weitere Hinweise. Sie identifiziert drei grundlegende psychologische Bedürfnisse, die für das Wohlbefinden und die Motivation entscheidend sind:

- **Kompetenzerleben:** das Bedürfnis, wirksam in der Interaktion mit der Umwelt zu sein und die eigenen Fähigkeiten auszuüben.
- **Autonomie:** das Bedürfnis, das eigene Leben zu kontrollieren und Entscheidungen zu treffen, die mit den eigenen Interessen und Werten übereinstimmen.
- **Soziale Eingebundenheit:** das Bedürfnis, Beziehungen zu anderen Menschen zu pflegen und sich als Teil einer Gemeinschaft zu fühlen.

> Grundlegende psychologische Bedürfnisse, die Motivation beeinflussen, sind Kompetenzerleben, Autonomie und soziale Eingebundenheit.

Diese Bedürfnisse können als Leitfaden dienen, um Lernumgebungen im betrieblichen Kontext so zu gestalten, dass die Motivation der Lernenden gesteigert wird. So ist es für das Kompetenzerleben wichtig, dass ausreichend Übungs- und Anwendungsmöglichkeiten mit einem mittleren Schwierigkeitsgrad vorhanden sind (Kerres 2021). Zu leichte Aufgaben fördern kein Kompetenzerleben, während zu schwierige Aufgaben das Risiko von Misserfolgserlebnissen bergen. Unter dem Aspekt der Autonomie ist es vor allem bei formalen Lernangeboten wichtig, den Lernenden Gestaltungsfreiheit einzuräumen. In selbstgesteuerten Lernsettings sollte hingegen darauf geachtet werden, dass Autonomie nicht in Überforderung umschlägt, und im Hinblick auf die soziale Eingebundenheit sollte jedes Lernangebot genügend Raum für Austausch bieten, der idealerweise so konzipiert ist, dass sich die Lernenden psychologisch sicher fühlen und angstfrei agieren können (Edmondson 2020).

Lernen wäre in der Tat einfacher, wenn es immer nur „Spaß" machen würde, aber oft ist Lernen anspruchsvoll, zeit- und energieaufwendig. Deshalb haben wir diesem Abschnitt die Überschrift „Empowerment" gegeben. Eine qualitativ hochwertige Learning Experience zeichnet sich dadurch aus, dass die Lernenden sich als eingebunden, autonom und erfolgreich erleben. Diese positiven Erfahrungen wirken motivierend, während Misserfolg und Isolation demotivierende Faktoren darstellen.

Relevanz, Kompetenzerleben, soziale Eingebundenheit und Autonomie sind die Zutaten für motivierende Lernangebote (◘ Abb. 2.4). Genau diese vier Faktoren spiegeln sich auch in einer Studie der IU Internationalen Hochschule zum Thema Lernmotivation wider. Gefragt nach den Faktoren, die zum Lernen motivieren, antworteten die Befragten wie folgt: 55,3 % sind motiviert, wenn sie das Gelernte sofort in der Praxis anwenden können; 50,7 % sind motiviert, wenn sie genau wissen, wofür sie es tun; 46,0 % sind es, wenn sie ihre persönliche Verbesserung im Lernprozess sehen können; 37,2 % sind motiviert, wenn sie sich fachlich mit anderen austauschen können, und 34,6 %, wenn sie die Lerninhalte selbst auswählen und in ihrem eigenen Tempo lernen können (IU 2022).

Die Prinzipien von Good Learning, gekennzeichnet durch die „drei E" – Effektivität, Effizienz und Empowerment –, sollten idealerweise in allen Lernangeboten Berücksichtigung finden. Sie dienen als wissenschaftlich begründete Basis für die Gestaltung und Analyse von Lernumgebungen und sind unabhängig von spezifischen Lernformaten anwendbar. Jedoch

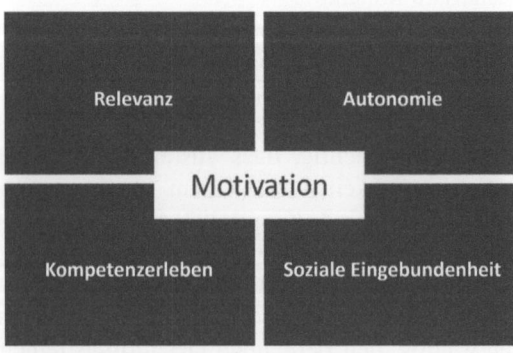

◘ **Abb. 2.4** Dimensionen der Lernmotivation

weisen verschiedene Lernformate jeweils spezifische Herausforderungen auf:

Sofern gut gestaltet, liegt der Vorteil von gesteuerten Lernformaten wie (Online-)Trainings in der effizienten Vermittlung von Expertenwissen durch strukturierte Prozesse und vertiefende Übungsmöglichkeiten. Die Herausforderung liegt hier oft in der Effektivität, besonders wenn ein breites Spektrum an Lernenden angesprochen wird und die Inhalte nicht den spezifischen Bedürfnissen aller entsprechen. Eine Individualisierung des Lernangebots kann in solchen Fällen die Effektivität steigern.

Selbstgesteuerte Lernprozesse hingegen zeichnen sich oft durch ihre Effektivität aus, da die Lernenden im Idealfall wissen, was sie benötigen, um ein bestimmtes Problem zu lösen. Allerdings kann die Effizienz solcher Formate leiden, vor allem wenn die Lernenden Schwierigkeiten haben, relevante Inhalte zu identifizieren, oder mit der Organisation des Lernprozesses überfordert sind. Das Kriterium des Empowerment ist nicht an bestimmte Lernformate gebunden, sondern vielmehr von deren spezifischen Gestaltung abhängig. In Onlinekursen etwa kann Empowerment durch mangelndes Kompetenzerleben und mangelnde soziale Zugehörigkeit begrenzt sein, während kollegiale Austauschformate zwar soziale Zugehörigkeit bieten, aber oft in Bezug auf Relevanz und Effizienz kritisch zu betrachten sind.

Zusammenfassend erfordert die Gestaltung von Lernangeboten eine sorgfältige Balance zwischen den drei Schlüsselkriterien, um eine effektive, effiziente und empowernde Learning Experience zu schaffen, die den individuellen Bedürfnissen und Kontexten der Lernenden gerecht wird.

> Die Gestaltung von Lernangeboten erfordert eine Balance zwischen Effektivität, Effizienz und Empowerment.

Literatur

Achenbach, M., Wagner, C., & Arau, P. (2022). Weiterbildung im Kontext aktueller Herausforderungen und Trends: Weiterbildungsstudie 2022. Bitkom Akademie & HRpepper Management Consultant.

Alfieri, L., Brooks, P. J., Aldrich, N. J., & Tenenbaum, H. R. (2011). Does discovery-based instruction enhance learning? Journal of Educational Psychology, 103(1), 1–18.

Carpenter, S. K., Witherby, A., Witherby, A., & Tauber, S. K. (2020). On Students' (Mis)judgments of Learning and Teaching Effectiveness: Where We Stand and how to Move Forward. Journal of Applied Research in Memory and Cognition, 9(2), 181–185. https://doi.org/10.1016/j.jarmac.2020.04.003

Christ, J., Koscheck, S., Martin, A., & Widany, S. (2019). Wissenstransfer – Wie kommt die Wissenschaft in die Praxis? Ergebnisse der wbmonitor Umfrage 2018. BIBB.

Colquitt, J. A., LePine, J. A. & Noe, R. A. (2000). Toward an integrative theory of training motivation: a meta-analytic path analysis of 20 years of research. The Journal of applied psychology, 85(5), 678–707. https://doi.org/10.1037/0021-9010.85.5.678

Dehnbostel, P. (2022). Betriebliche Bildungsarbeit: Kompetenzbasierte Berufs- und Weiterbildung in digitalen Zeiten (3. Aufl.). Schneider.

Dunning, D., & Kruger, J. (1999). Unskilled and Unaware of It: How Difficulties in Recognizing One's Own Incompetence Lead to Inflated Self-Assessments. Journal of Personality and Social Psychology, 77(6), 1121–1134.

Edmondson, A. C. (2020). Die angstfreie Organisation: Wie Sie die psychologische Sicherheit am Arbeitsplatz für mehr Entwicklung, Lernen und Innovation schaffen (M. Kauschke, Übers.). Verlag Franz Vahlen.

eLearning Journal. (2023). Kooperation zwischen Wissenschaft und Praxis: Der Lerntransfer-Booster zur Förderung langfristiger Trainingserfolge. https://www.elearning-journal.com/2023/12/21/kategorie-trainthe-trainer-5/

Ford, J. K., Yelon, S. L., & Billington, A. Q. (2011). How much is transferred from training to the job? The 10% delusion as a catalyst for thinking about transfer. Performance Improvement Quarterly, 24(2), 7–24. https://doi.org/10.1002/piq.20108

Graf, N., Gramß, D., & Heister, M. (2016). Gebrauchsanweisung fürs lebenslange Lernen: Erkenntnisse zur Weiterbildung und wie Betriebe sowie Mitarbeiter sie einsetzen können; eine Studie der Hochschule für angewandtes Management, gefördert von der Vodafone Stiftung Deutschland. Düsseldorf: Vodafone Stiftung.

Gris, R. (2008). Die Weiterbildungslüge: Warum Seminare und Trainings Kapital vernichten und Karrieren knicken. Campus Verlag.

Habermas, J. (1981) Theorie des kommunikativen Handelns: Handlungsrationalität und gesellschaftliche Rationalisierung. Frankfurt am Main.

Röcke, Anja (2021): Soziologie der Selbstoptimierung, Berlin.

Sammet, J. (2022b). Old New Work: Arbeitslehren aus dem Benediktiner-Kloster. ManagerSeminare, (296), November 2022, 26–32.

Helmke, A. (2012). Unterrichtsqualität und Lehrerprofessionalität. Klett Kallmeyer.

Hutchins, H.M., Burke, L. A., & Berthelsen, A.M. (2010). A missing link in the transfer problem? Examining how trainers learn about training transfer. Human Resource Management, 49(4), 599–618. https://doi.org/10.1002/hrm.20371

IU Internationale Hochschule. (2022). Lebenslang lernen: Das motiviert, das hemmt – Arbeitnehmer:innen über Lernmotivation und Weiterbildung. Abgerufen am 26. September 2023 von https://www.iu.de/forschung/studien/lebenslanges-lernen

Jennings, C. (2011). Social & Workplace Learning through the 70:20:10 Lens. Abgerufen am 19. September 2023: http://charles-jennings.blogspot.co.uk/2011/08/social-workplace-learning-through.html

Kalyuga, S., Ayres, P., Chandler, P., & Sweller, J. (2003). The expertise reversal effect. Educational Psychologist, 38(1), 23–31.

Kerres, M. (2021). Didaktik: Lernangebote gestalten. UTB.

Knowles, M. (1980). The modern practice of adult education: From pedagogy to andragogy. Englewood Cliffs.

Koch, A., Wißhak, S., Spener, C. et al. Transferwissen von Lehrenden in der berufsbezogenen Weiterbildung: Entwicklung und Pilotierung eines Testinstruments. ZfW 45, 89–105 (2022). https://doi.org/10.1007/s40955-022-00210-0

Literatur

Kortsch, T., Paulsen, H., & Kauffeld, S. (2019). Lernkultur in Unternehmen – Wie man sie messen und gestalten kann. Wirtschaftspsychologie aktuell, 2019(2), 27–32.

LinkedIn Learning. (2017). 2017 Workplace Learning Report. LinkedIn Learning. https://learning.linkedin.com/resources/workplace-learning-report-2017

LinkedIn Learning. (2023). Workplace Learning Report. LinkedIn Learning. https://learning.linkedin.com/resources/workplace-learning-report

Mager, R. F. & Pipe, P. (1997). Analyzing performance problems, or, you really oughta wanna: How to Figure Out why People Aren't Doing what They Should Be, and what to Do about it. Lake Publishing Company (CA).

Merriënboer, J., & Sweller, J. (2005). Cognitive Load Theory and Complex Learning: Recent Developments and Future Directions. Educational Psychology Review, 17, 147–177.

Merriënboer, J., & Kirschner, P. (2017). Ten Steps to Complex Learning: A Systematic Approach to Four-Component Instructional Design. Routledge. DOI: https://doi.org/10.4324/9781315113210. ISBN: 9781315113210.

Mrohs, M. (2023). Reverse training design: START at the END to Revolutionize Corporate Learning. Platypus Publishing.

Mulder, M. (2017). Competence Theory and Research: A Synthesis. In: Mulder, M. (eds) Competence-based Vocational and Professional Education. Technical and Vocational Education and Training: Issues, Concerns and Prospects, vol 23. Springer, Cham. https://doi.org/10.1007/978-3-319-41713-4_50

Murray, C. E. (2009). Diffusion of Innovation Theory: A Bridge for the Research-Practice Gap in Counseling. Journal of Counseling and Development, 87(1), 108–116.

Neelen, M., & Kirschner, P. A. (2020). Evidence-informed learning design: Creating Training to Improve Performance. Kogan Page.

Nida-Rümelin, J. (2013). Philosophie einer humanen Bildung. Edition Körber.

Reich, J. & Ruipérez-Valiente, J. A. (2019). The MOOC Pivot. Science, 363(6423), 130–131.

Ryan, R. M., & Deci, E. L. (2020). Intrinsic and extrinsic motivation from a self-determination theory perspective: Definitions, theory, practices, and future directions. Contemporary Educational Psychology, 61(3), 101860.

Sailer, M., & Homner, L. (2019). The Gamification of Learning: a Meta-analysis. Educational Psychology Review, 32, 77–112. https://doi.org/10.1007/S10648-019-09498-W

Seyda, S., & Placke, B. (2020). IW-Weiterbildungserhebung 2020: Weiterbildung auf Wachstumskurs. IW-Trends – Vierteljahresschrift zur empirischen Wirtschaftsforschung aus dem Institut der deutschen Wirtschaft Köln e.V., 47(4), 105–1023.

Statistisches Bundesamt. (2022, 17. August). Gut drei Viertel der Unternehmen bieten berufliche Weiterbildung an. Pressemitteilung Nr. 349. Abgerufen am 02.09.2023 von https://www.destatis.de

Tiedemann, J., & Quispe, V. (2023). Fachkräftereport Juni 2023 – Leichter Rückgang der Fachkräftelücke. Studie im Rahmen des Projektes Kompetenzzentrum Fachkräftesicherung (KOFA) in Zusammenarbeit mit dem Bundesministerium für Wirtschaft und Klimaschutz (BMWK). Köln.

TÜV-Verband (2022). Weiterbildung im Wandel: TÜV-Studie 2022. Abgerufen am 14. September 2023 von https://www.tuev-verband.de/studien/tuev-weiterbildungsstudie-2022

Vygotsky, L. S. (1978). Mind in society: Development of Higher Psychological Processes. Harvard University Press.

Wißhak, S. (2022). Transfer in der berufsbezogenen Weiterbildung: Systematisches Literaturreview und Synthese mit Blick auf die Handlungsmöglichkeiten der Lehrenden. ZfW 45, 69–88 (2022). https://doi.org/10.1007/s40955-022-00204-y

World Economic Forum. (2023, Mai 2). Future of jobs: These are the most in-demand skills in 2023 – and beyond. Abgerufen am 3. September 2023, von https://www.weforum.org/agenda/2023/05/future-of-jobs-2023-skills/

Willmore, J. (2016). Performance basics (2. Aufl.). ATD Press.

Agile Lernbegleitung mit PETRA-BAL

Inhaltsverzeichnis

3.1 Grundsätze – 24

3.2 Learning Loops – 26

3.3 Anwendungsszenarien – 28

Literatur – 31

© Der/die Autor(en), exklusiv lizenziert an Springer-Verlag GmbH, DE, ein Teil von Springer Nature 2024
J. Sammet, J. Sammet, *Good Learning - Guide zur agilen Lernbegleitung in Unternehmen*,
https://doi.org/10.1007/978-3-662-68512-9_3

Das Modell der agilen Lernbegleitung (Sammet und Wolf 2019; Sammet 2022) transformiert die Kriterien von Good Learning in ein praxisorientiertes Framework. Dieses Framework ist kein starres Programm, sondern dient als Orientierungshilfe für die optimalen Gestaltungskomponenten eines Lernprozesses.

3.1 Grundsätze

Das Framework agiler Lernbegleitung ist durch folgende Prinzipien gekennzeichnet, die sich an den genannten Prinzipien Effektivität, Effizienz und Empowerment orientieren:

1. **Ermöglichungsrahmen zur Kompetenzentwicklung:** Kompetenzen können nicht direkt vermittelt werden, sondern entwickeln sich durch die aktive und praxisnahe Auseinandersetzung mit den Lerninhalten (North et al. 2013). Es geht um „Lernen und Anwenden" anstelle von „Lernen und Abspeichern". Dabei steht der Lernende mit seinen individuellen Anliegen im Mittelpunkt und nicht der traditionelle Lehrer-/Trainer-/Dozentenansatz, der auf Wissensübertragung fokussiert (Schön und Arnold 2019). Es geht darum, eine Lernumgebung zu schaffen, die praxisnahe Selbstentwicklung fördert, anstatt starre Lehrpläne zu verfolgen.
2. **Iterative Lernzyklen:** Lernen verläuft nicht linear, sondern iterativ. Theoretisch basiert das Modell auf dem Loop-Learning-Ansatz von Argyris und Schön (1978) sowie auf dem Konzept des Handlungslernens von Kolb (2014). Methodisch lehnt es sich an agile Prinzipien an, vor allem an die des Scrum-Ablaufs, und integriert Reflexion, Flexibilität und Iteration (Böhm und Unnold 2021). Dieser Ansatz ermöglicht es Lernenden, durch wiederholtes Durchlaufen von Lernschleifen kontinuierlich zu reflektieren und sich anzupassen. Es fördert ein tiefgreifendes Verständnis, indem Lernende aktiv Erfahrungen sammeln und diese reflektieren.
3. **Reale Probleme:** Ziel ist die Entwicklung von Handlungskompetenz durch Lernen anhand konkreter, authentischer Probleme (Bauer et al. 2011). Dies sichert effektives Lernen, da Lernende reale Herausforderungen bearbeiten und Arbeit und Lernen verschmelzen. Die Praxisnähe dieses Ansatzes stellt sicher, dass das Gelernte unmittelbar anwendbar ist, und fördert die Motivation der Lernenden, da sie den direkten Nutzen ihres Lernens sehen. Durch die Bearbeitung echter Probleme entwickeln die Lernenden nicht nur Wissen, sondern auch die Fähigkeit, dieses Wissen in

der Praxis anzuwenden. Agile Lernbegleitung ist konsequent output- statt inputorientiert.
4. **Professionelle Begleitung:** Lernende bearbeiten Themen, die sie persönlich bewegen, und erhalten dabei fachliche und methodische Unterstützung. Ein Lernbegleiter führt in der Regel einen Learning Loop durch und ist für inhaltliche und methodische Aspekte zuständig. Er kann sowohl als Wissensvermittler als auch als Lerncoach agieren. Diese duale Rolle ermöglicht eine flexible Anpassung an die Bedürfnisse der Lernenden, indem sowohl Wissen vermittelt als auch Unterstützung bei selbstorganisierten Lernprozessen geboten wird. Der Lernbegleiter agiert als Brücke zwischen Theorie und Praxis und unterstützt die Lernenden dabei, ihr Wissen effektiv anzuwenden.
5. **Scaffolding:** „So viel Freiraum wie möglich, so viel Unterstützung wie nötig." Dieser Grundsatz gilt für inhaltliche und methodische Aspekte und sichert die Effizienz des Lernprozesses. Es wird genau das bereitgestellt, was benötigt wird. Scaffolding unterstützt Lernende dabei, ihre Ziele zu erreichen, indem es ihnen hilft, ihre Fähigkeiten schrittweise zu entwickeln. Es bietet Struktur und Unterstützung auf dem Weg zur Selbstständigkeit und fördert das Vertrauen der Lernenden in ihre eigenen Fähigkeiten.
6. **Empowerment** in jedem Schritt des Learning Loops: Zentral sind die Aspekte Relevanz, Autonomie, Kompetenzerleben und soziale Eingebundenheit. Der Lernbegleiter unterstützt den Lernenden, sich erreichbare Aufgaben zu stellen, um Kompetenzerleben zu ermöglichen. Empowerment fördert das Engagement und die Eigenverantwortung der Lernenden, indem es ihnen ermöglicht, ihre Lernziele selbst zu bestimmen und zu verfolgen. Mitlernende spielen eine zentrale Rolle, indem sie Unterstützung bieten und den Austausch von Ideen und Erfahrungen ermöglichen.
7. **Lernen in Netzwerken:** Agile Lernbegleitung setzt zwar beim arbeitsintegrierten, individuellen Lernen an. Es umfasst jedoch auch Team- und Organisationslernen. Individuelles Lernen bildet die Basis für Team- und organisationales Lernen (Dehnbostel 2022). Dieser Ansatz erkennt an, dass Lernen ein sozialer Prozess ist und dass die Entwicklung individueller Fähigkeiten eng mit der Entwicklung des Teams und der Organisation verbunden ist. Durch die Integration von Lernen in die tägliche Arbeit wird eine Kultur des kontinuierlichen Lernens und der Verbesserung gefördert.

3.2 Learning Loops

PETRA-BAL setzt sich aus 5 + 3 Komponenten zusammen: aus Planen, Erschließen, Tun, Reflektieren und Auswerten sowie Begleiten, Austauschen und Lernkultur.

Die Prinzipien finden ihre konkrete Umsetzung in den „Learning Loops" (Böhm und Unnold 2021). Jeder Loop umfasst 5 + 3 Komponenten: Die Komponenten **P**lanen, **E**rschließen, **T**un, **R**eflektieren und **A**uswerten sind Schritte, die den chronologischen Verlauf des Learning Loops beschreiben. **B**egleiten, **A**ustauschen und **L**ernkultur beschreiben Aktionen, die parallel dazu stattfinden. Abgekürzt ergibt dies das Akronym **PETRA-BAL** (◘ Abb. 3.1 und 3.2).

- **Planen:** In dieser Phase werden die Rollen und Verantwortlichkeiten aller Beteiligten definiert. Es wird das Performance-Problem identifiziert und der Kompetenz-Gap analysiert. Auf dieser Basis wird eine individuelle Lernstrategie entwickelt, die auf die spezifischen Bedürfnisse und Ziele abgestimmt ist. Dieser Schritt ist entscheidend, um die Effektivität des Lernprozesses zu sichern und die Grundlage für einen erfolgreichen Lernverlauf zu legen.
- **Erschließen:** Hier steht die Frage im Mittelpunkt, wie die Lernenden sich neues Wissen effizient erschließen können. Die Art der Wissensaneignung kann je nach Kontext variie-

◘ Abb. 3.1 Komponenten agiler Lernbegleitung: PETRA-BAL

◘ Abb. 3.2 Learning Loop

3.2 · Learning Loops

ren – von Videos über Trainings bis hin zu Peer-Learning. Die Effektivität wird durch gezielte Auswahl und Reduktion von Inhalten erreicht, während Empowerment durch Wahlfreiheit und die Angemessenheit des Niveaus gefördert wird.

- **Tun:** Die theoretischen Lerninhalte werden in praktische Aufgaben, das heißt in Handlungswissen, überführt. Die Lernenden erhalten Unterstützung bei der Vorbereitung und Durchführung ihrer Projekte. Effektivität wird durch die Bearbeitung der richtigen Aufgaben erreicht, während Scaffolding zur Effizienz beiträgt. Ein mittlerer Schwierigkeitsgrad fördert das Empowerment der Lernenden.
- **Reflektieren:** Nach der Anwendung folgt eine Phase des Feedbacks und der Reflexion. Diese ermöglicht es den Lernenden, ihre Erfahrungen zu verarbeiten und zu reflektieren, wie erfolgreich sie die Lerninhalte umgesetzt haben. Dieser Schritt ist essenziell, um aus den Anwendungserfahrungen tatsächlich zu lernen.
- **Auswerten:** Dieser Schritt dient der gemeinsamen Reflexion des zurückliegenden Learning Loops und der Planung der nächsten Schritte im Lernprozess. Hierbei werden sowohl methodische als auch inhaltliche Aspekte betrachtet. Dieser Schritt ermöglicht eine kontinuierliche Verbesserung und Anpassung des Lernprozesses.
- **Begleiten:** Während des gesamten Learning Loops erhalten die Lernenden individuelle Unterstützung bei Fragen und Herausforderungen durch einen Lernbegleiter. Diese Begleitung kann sowohl inhaltliche als auch prozessuale Aspekte umfassen. Sie hilft, Lernhürden zu überwinden, und stellt sicher, dass die Lernenden weiterhin das Richtige lernen. Der Austausch mit einer realen Person fördert zudem das Empowerment.
- **Austauschen:** Mitlernende ermöglichen ein kollegiales Mit- und Voneinanderlernen. Die Lernenden tauschen sich über ihr neu erworbenes Wissen aus, entwickeln gemeinsam Ideen und bilden Lerngruppen. Dies fördert die soziale Eingebundenheit und den Austausch von Wissen und Erfahrungen.
- **Lernkultur:** Hier werden die organisationalen Voraussetzungen und Rahmenbedingungen für betriebliches Lernen geklärt. Dazu gehören die Abstimmung mit Führungskräften und anderen Stakeholdern, die Klärung von Ressourcen, die Gestaltung der Lernkultur sowie die technische Infrastruktur. Dieser Schritt ist entscheidend, um ein unterstützendes Umfeld für effektives und effizientes Lernen zu schaffen.

Jede Komponente von PETRA-BAL kann flexibel mit verschiedenen Formaten und Medien gestaltet werden. Abhängig vom Thema und Lernziel kann die Dauer eines Learning Loops von wenigen Stunden bis zu mehreren Wochen reichen.

> Jede Komponente von PETRA-BAL kann flexibel mit verschiedenen Formaten und Medien gestaltet werden.

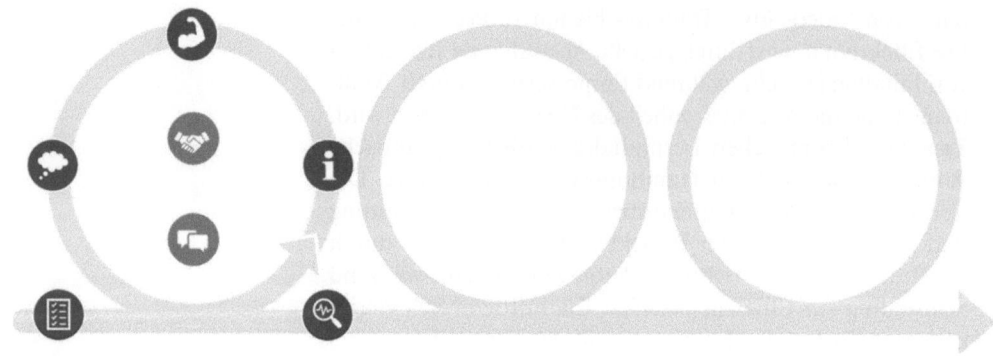

Abb. 3.3 Learning-Loop-Iterationen

Er eignet sich sowohl für situatives Lernen im Sinne von Performance Support, wie etwa das Erlernen der technischen Handhabung eines neuen Laborinstruments, als auch für strategisches und längerfristiges Lernen, beispielsweise die Entwicklung von Führungskräften.

Nach dem Abschluss eines Learning Loops beginnt der nächste, wobei die Anzahl der durchlaufenen Learning Loops stark variieren kann. In den meisten Lernangeboten werden durchschnittlich drei bis sechs Learning Loops absolviert. Diese iterative Natur der Learning Loops ermöglicht eine kontinuierliche Anpassung und Verbesserung des Lernprozesses auf sowohl inhaltlicher als auch methodischer Ebene (◘ Abb. 3.3). Die Lernenden können auf ihren vorherigen Erfahrungen aufbauen und ihr Wissen vertiefen oder erweitern. Dieser Ansatz fördert nicht nur das Verständnis und die Anwendung des Gelernten, sondern trägt auch zur Entwicklung einer lernfördernden Kultur bei, in der kontinuierliches Lernen und die Anpassung an neue Herausforderungen im Vordergrund stehen.

3.3 Anwendungsszenarien

Agile Lernbegleitung ist in Organisationen vielseitig einsetzbar.

Der Ansatz der agilen Lernbegleitung bietet vielfältige Anwendungsmöglichkeiten in Organisationen, die sich auf verschiedene Aspekte des Lernprozesses beziehen (◘ Tab. 3.1).

Fachliche Expertise: Lernbegleiter mit spezifischer Fachkompetenz unterstützen Mitarbeitende individuell beim Re- oder Upskilling. Diese Rolle ähnelt jener des Fachtrainers oder internen Wissensvermittlers und orientiert sich methodisch an Training on the Job. Ein Beispiel hierfür ist die Unterstützung von Kollegen bei der Umstellung von On-Premises-Systemen auf Cloud-Lösungen. Hierbei be-

3.3 · Anwendungsszenarien

Tab. 3.1 Beispiele für die Umsetzung agiler Lernbegleitung

Bereich	Herausforderung	Umsetzung
Medizintechnik	Servicetechniker und Kundenberater sollten in Produktneuheiten weitergebildet werden, wobei bisher langatmige und unspezifische Schulungen im Frontalverfahren vorherrschten.	Fachexperten zu Produktgruppen wurden zu Lernbegleitern ausgebildet und stehen unternehmensweit als Ansprechpartner zur Verfügung. Die Integration der Learning Loops als Lernpfad auf dem Learning Management System erfolgte in enger Verzahnung mit den digitalen Angeboten der internen Academy. Die Fachexperten agieren zu 10 % ihrer Arbeitszeit als Lernbegleiter.
Marketing	Upskilling im Bereich Social Media war bisher unsystematisch und wenig effizient.	Die bereits vorhandenen Kompetenzen wurden mittels T-Shape-Analyse ermittelt und Experten zu Lernbegleitern ausgebildet. Die Lernbegleiter sind direkt in den Workflow integriert und unterstützen bei konkreten Kundenanfragen. Zudem wurde ein monatlicher Learning Friday mit allen Teams zur Förderung des Wissensmanagements eingeführt.
IT	Upskilling von On-Premise-Computing zu Cloud-Computing erfolgte bisher durch Lehrgänge Off the Job.	In jeder Abteilung wurde ein Lernbegleiter in Vollzeit eingesetzt, der bis zu acht Mitarbeiter betreut. Die Begleitung dauert zwischen sechs und zwölf Monaten. Als entscheidend haben sich hier eine langfristige Planung und die umfangreiche Fachexpertise der Lernbegleiter herausgestellt.
Finance	Agile Transformation eines Unternehmensbereichs erfordert schnelles Upskilling in neu zusammengesetzten, crossfunktionalen Teams.	Agile Coaches wurden zu Lernbegleitern ausgebildet und alle Teammitglieder erhielten Kurztrainings in den Grundlagen agiler Lernbegleitung. Die Analyse der vorhandenen Kompetenzen erfolgte mit T-Shape. Der Prozess gestaltete sich sehr dynamisch und beinhaltete viele Elemente des Peer-Lernens und Lerncoachings.
Automotive	Die stetig steigende Komplexität der Produkttechnik, insbesondere im Bereich der E-Mobilität, erfordert ein umfassendes Upskilling der Vertriebsmitarbeiter. Bisher erfolgte die Weiterbildung der Mitarbeiter durch Vertriebsingenieure in unspezifischen Frontalschulungen.	Es wurde ein Zwei-Stufen-System eingeführt: Die erste Stufe umfasst Grundlagenschulungen mit interaktivem Training, während die zweite Stufe agile Lernbegleitung zu ausgewählten Vertiefungsthemen beinhaltet. Die Aufgabenverteilung der Vertriebsingenieure sieht vor, dass sie 50 % ihrer Zeit Fachaufgaben widmen, 25 % der Zeit für Grundlagenschulungen aufwenden und 25 % der Zeit agile Lernbegleitung durchführen.

gleiten die Lernbegleiter die Mitarbeitenden arbeitsplatznah und sorgen für eine direkte Anwendung des neu erworbenen Wissens.

Methodische Unterstützung: Lernbegleiter fungieren als Ansprechpartner bei methodischen Fragen oder Lernschwierigkeiten, vergleichbar mit der Rolle eines Lerncoaches. Sie helfen beispielsweise bei der Strukturierung von Problemen und bieten methodische Unterstützung. Diese Rolle ist in

Unternehmen relativ neu, während sie in Bildungseinrichtungen wie Schulen und Hochschulen bereits länger etabliert ist.

Teamlernen: Für Teams steht ein Lernbegleiter zur Verfügung, der das Teamlernen unterstützt. Diese Rolle ähnelt der eines Agile Coach oder Scrum Master in agilen Organisationen. Ein Beispiel wäre ein Entwicklungsteam, das gemeinsam überlegt, welche Kompetenzen fehlen und entwickelt werden müssen. Dies ist besonders für agil organisierte Unternehmen relevant.

Führungskräfte können die agile Lernbegleitung nutzen, um die Entwicklung ihrer Mitarbeitenden gezielt zu fördern. Dabei geht es nicht nur um jährliche Entwicklungsgespräche, sondern auch um eine kontinuierliche inhaltliche und methodische Unterstützung.

Ergänzung bestehender Lernangebote: Komponenten der agilen Lernbegleitung können bestehende Lernangebote ergänzen. Beispielsweise können Trainings um gezielte Anwendungs- und Reflexionsphasen bereichert werden. Dieser Ansatz ist am ehesten mit Blended-Learning-Ansätzen vergleichbar.

Human Resources kommt die Aufgabe zu, die vielfältigen Möglichkeiten agiler Lernbegleitung anzubieten und zu orchestrieren und auch selbst in der Rolle aktiv zu sein.

> Die agile Lernbegleitung kann bestehende Lernansätze sinnvoll ersetzen oder ergänzen.

Zusammenfassend bietet die agile Lernbegleitung eine flexible und vielseitige Methode, die sowohl in individuellen als auch in teamorientierten Lernkontexten Anwendung findet und bestehende Lernansätze sinnvoll ersetzen oder ergänzen kann.

In den nachfolgenden Kapiteln erhalten Sie eine detaillierte Schritt-für-Schritt-Anleitung zu den einzelnen Komponenten von PETRA-BAL. Aus Gründen der Einfachheit wird in diesen Anleitungen von **„dem Lernbegleiter"** gesprochen. Diese Rolle wird als eine zentrale Figur im Lernprozess beschrieben, die standardmäßig von einer Person ausgefüllt wird. In der Praxis kann die Ausgestaltung dieser Rolle jedoch flexibel gehandhabt werden und durchaus auch von mehreren Personen übernommen werden.

Literatur

Argyris, C., Schön, D.A. (1978): Organizational Learning: A Theory of Action Perspective. Addison-Wesley Publishing Company

Bauer, H. G., Munz, C., Schrode, N., & Wagner, J. (2011). Die Vollständige Arbeitshandlung (VAH): Ein erfolgreiches Modell für die kompetenzorientierte Berufsbildung. R & W Verlag der Editionen

Böhm, K., & Unnold, Y. (2021). Agile learning loops – combining agile approaches in higher education programs. In International Conference on Mobile Learning proceedings (pp. 177–184).

Dehnbostel, P. (2022). Betriebliche Bildungsarbeit: Kompetenzbasierte Berufs- und Weiterbildung in digitalen Zeiten (3. Aufl.). Schneider.

Kolb, D. A. (2014). Experiential learning: Experience as the Source of Learning and Development. FT Press.

North, K., Reinhardt, K., Sieber-Suter, B. (2013). Was ist Kompetenz? In: Kompetenzmanagement in der Praxis. Gabler Verlag, Wiesbaden. https://doi.org/10.1007/978-3-8349-3696-7_2

Sammet, J., & Wolf, J. (2019). Vom Trainer zum agilen Lernbegleiter: So funktioniert Lehren und Lernen in digitalen Zeiten. Springer.

Sammet, J. (2022a). Agile Lernbegleitung. Einfach war gestern. ManagerSeminare, (288), März 2022, 70–77.

Schön, M. & Arnold, R. (2019). Ermöglichungsdidaktik: Ein Lernbuch.

P – Planen

Inhaltsverzeichnis

4.1 Warum lernen? – 34

4.2 Was lernen? – 35

4.3 Wie lernen? – 37

Literatur – 41

© Der/die Autor(en), exklusiv lizenziert an Springer-Verlag GmbH, DE, ein Teil von Springer Nature 2024
J. Sammet, J. Sammet, *Good Learning - Guide zur agilen Lernbegleitung in Unternehmen*,
https://doi.org/10.1007/978-3-662-68512-9_4

Ziel des Planens ist es, die Lernenden startklar für den Lernprozess zu machen. Dazu sollten Sie in dieser Phase möglichst viel Klarheit und Transparenz rund um den Lernprozess schaffen. Sie entwickeln mit den Lernenden eine individuelle Lernstrategie und klären die Rollen aller am Lernprozess Beteiligten. Im Fokus steht die Frage: Warum soll was wie gelernt werden? Zu einer Erfolg versprechenden Lernstrategie gehören die Planung, Steuerung und Regulation des Lernprozesses, wobei Sie die Lernenden unterstützen können.

4.1 Warum lernen?

Wie im Abschnitt „Effektivität" (vgl. ▶ Abschn. 2.2.1) erläutert, ist es im ersten Schritt wichtig, mit der Klärung des **Performance-Ziels** zu starten, also mit der Frage, welcher Zustand durch den Einsatz der neu gelernten Fähigkeiten in der Praxis der Lernenden erreicht werden soll (Willmore 2016). Dazu sollte zunächst einmal beleuchtet werden, was genau das Problem in der Praxis ist, das gelöst werden soll. Es gilt zu überprüfen, ob es sich dabei überhaupt um ein **Kompetenzproblem** handelt, also ob die Ursache des Problems in einem Mangel an Kompetenzen begründet ist oder ob sie woanders liegt. Nur im Falle eines Kompetenzproblems ist ein Lernprozess der Lösung dienlich. Handelt es sich um ein anderes Problem, ist Lernen nicht die Lösung und es muss eine andere Intervention gefunden werden (Weinbauer-Heidel 2016).

> ▶ **Beispiel**
>
> Bernd ist Vertriebsmitarbeiter. Da seine Verkaufszahlen nicht den mit seiner Führungskraft vereinbarten Zielen entsprechen (Problem in der Praxis), soll er seine Vertriebskompetenzen weiterentwickeln. Unterstützt durch agile Lernbegleitung arbeitet er an seinen Kompetenzen und setzt sie in seiner Praxis ein. Doch leider ohne Erfolg: Die Vertriebszahlen bleiben ähnlich schlecht. Der Grund: Die Ursache für den schlechten Umsatz lag nicht an einem Kompetenzmangel bei Bernd. Das eigentliche Problem ist das zu vertreibende Produkt: Es hält den Marktbedingungen nicht mehr stand und bedarf einer Weiterentwicklung. ◄

Das Problem muss in seiner Gesamtheit erfasst werden. Handelt es sich wirklich um ein Kompetenzproblem?

Es ist wichtig, das Problem gründlich zu beleuchten, um sicherzugehen, dass es in seiner Gesamtheit erfasst worden ist. Erst danach sollte man sich mit der Entwicklung einer Lösung befassen. So kann es zum Beispiel auch vorkommen, dass sich die Lernenden erst im Gespräch mit dem Lernbegleiter klar darüber werden, dass sie über die bisher anvisierten Inhalte hinaus noch mehr oder etwas anderes lernen müssen, um das Problem zu lösen.

Als Nächstes leiten Sie gemeinsam mit den Lernenden aus dem Kompetenzproblem das **Performance-Ziel** ab. Beim Performance-Ziel handelt es sich um den Outcome des Lernprozesses, also den erwünschten Zustand als Konsequenz der Anwendung des Gelernten (Kirkpatrick et al. 2016). Um im Nachgang auf geeignete Parameter für die Beurteilung der Nützlichkeit des Lernprozesses zugreifen zu können, sollten die Ziele smart formuliert sein. Ein smart formuliertes Performance-Ziel für einen Vertriebslernprozess könnte lauten: Der Vertriebsmitarbeiter hat den Umsatz mit Produkt x bis zum Zeitpunkt y um z % gesteigert.

Zur Beantwortung des „Warum", des ersten Teils der Lernstrategie, sind folgende Reflexionsfragen hilfreich:
1. Welches Problem in der Praxis soll durch Lernen gelöst werden?
2. Handelt es sich dabei um ein Kompetenzproblem?
3. Welche Konsequenzen hätte es für den Lernenden und das Unternehmen, wenn das Kompetenzproblem weiter bestehen bliebe?
4. Was genau soll sich durch den Lernprozess in der Praxis verändern (Performance-Ziel)?
5. Welche Vorteile hat diese Veränderung für die Lernenden und das Unternehmen?

Performance-Ziele sollten smart formuliert sein.

Kommen Sie bei der zweiten Frage zu dem Ergebnis, dass die Ursache des Problems eine andere ist als ein Mangel an Kompetenz, ist agile Lernbegleitung keine Lösung. Handelt es sich um ein Kompetenzproblem, fahren Sie mit den weiteren Fragen fort. Diese beziehen sich auf das „Warum" der Lernenden. Arbeiten Sie dieses sorgfältig heraus, denn: Je klarer den Lernenden das „Warum" für ihr Lernprojekt ist, umso größer ist die Relevanz und damit die Lernmotivation.

Ist die Ursache des Problems kein Kompetenzmangel, ist die agile Lernbegleitung keine Lösung.

4.2 Was lernen?

Aus dem Performance-Ziel folgt im zweiten Schritt das **Lernziel**, also das, was innerhalb des Lernprozesses gelernt werden muss, damit das Performance-Ziel erreicht werden kann (Kerres 2021). Für die Formulierung von Lernzielen eignet sich folgende Unterscheidung:
1. **Kennen** (auch Wissen/Erinnern): Die Lernenden kennen bestimmte Inhalte (Fakten, Daten, Theorien).
2. **Verstehen**: Die Lernenden verstehen die Zusammenhänge und die Bedeutung der Inhalte.

Das Lernziel legt fest, was innerhalb des Lernprozesses gelernt werden muss, um das Performance-Ziel zu erreichen.

3. **Anwenden**: Die Lernenden können aktiv mit dem Verstandenen umgehen und es zur Lösung konkreter Situationen anwenden (Kompetenz).

Lernprozesse im betrieblichen Kontext zielen fast immer auf die Ebene „Anwenden". Nur so kann sichergestellt werden, dass der Lernprozess auch anschlussfähig für das Performance-Ziel ist.

▶ **Anleitung zur Formulierung von Lernzielen (am Beispiel von Buchhalterin Jennifer)**
- **Beschreiben Sie möglichst konkret das Endverhalten:** *Am Ende des Lernprozesses kann Jennifer mit dem neuen Buchhaltungsprogramm fehlerfrei Rechnungen schreiben und verschicken.*
- **Benutzen Sie Verben:** *können ... schreiben, verschicken*
- **Formulieren Sie einen Maßstab:** *... fehlerfrei*
- **Formulieren Sie in die Zukunft:** *Am Ende des Lernprozesses ...*

Hilfreiche Verben sind:
- **Kennen:** *aufzählen, ausführen, benennen, beschreiben, bezeichnen, darstellen, skizzieren*
- **Verstehen:** *austauschen, darstellen, erklären, erläutern, übertragen, zusammenfassen, reflektieren*
- **Anwenden:** *durchführen, erstellen, gestalten, nutzen, verwenden, umsetzen* ◀

Aus den Lernzielen können die Lerninhalte abgeleitet werden.

Sind die Lernziele klar, können die Inhalte abgeleitet werden, also das, was sich der Lernende innerhalb des Lernprozesses aneignen muss, damit die Lernziele erreicht werden. Wichtig ist hier, sich nur auf die **wichtigsten** Inhalte zu fokussieren, die nötig sind, um die Lernziele zu erreichen. Bringen Sie die Inhalte in eine logische Reihenfolge: Welche der Inhalte müssen die Lernenden zuerst lernen, um darauf aufbauende Inhalte verstehen zu können?
Hilfreiche Fragen sind:
1. Wie lauten die Lernziele für den Lernprozess?
2. Welche Inhalte müssen am Ende des Lernprozesses gelernt sein, damit die Lernziele erreicht werden können? (Sammlung: Notieren Sie zunächst ungefiltert alle Inhalte, die Ihnen und den Lernenden in den Sinn kommen.)
3. Welche Inhalte sind für das Erreichen der Lernziele nicht relevant? (Didaktische Reduktion: Streichen Sie im nächsten Schritt die Lerninhalte, die mit Blick auf die Lernziele nicht vermittelt werden müssen.)
4. In welcher Reihenfolge sollten die Inhalte sinnvollerweise angeeignet/vermittelt werden? (Sortierung: Nummerieren Sie im letzten Schritt die relevanten Inhalte in der logischen Reihenfolge, in der sie gelernt werden sollen.)

Das Ergebnis ist eine Lerninhaltsliste, die Antwort darauf gibt, welche Inhalte in welcher Reihenfolge gelernt werden müssen, damit das Lernziel (und in Folge auch das Performance-Ziel) erreicht werden kann.

4.3 Wie lernen?

Beim dritten Schritt „Wie lernen?" geht es darum, einen konkreten Lernplan zu erarbeiten. Die Reihenfolge der folgenden Schritte können je nach Kontext variieren:
- Learning Loop entwickeln
- Dokumentationsmedium wählen
- Ressourcen reflektieren
- Lernmonitoring planen
- Zeitplan aufstellen
- Lerntroubleshooting planen
- Lernvereinbarung treffen

Learning Loop entwickeln: Mit der im zweiten Schritt erarbeiteten Lerninhaltsliste haben Sie eine gute Basis, um die Learning Loops zu entwickeln. Das Handwerkszeug zur Gestaltung der einzelnen Learning Loop-Phasen erhalten Sie in den folgenden gleichnamigen Kapiteln dieses Buches. Im Sinne eines agilen Vorgehens empfiehlt es sich, zunächst nur den ersten Learning Loop in gut verdaulichem Umfang zu planen. Das hat zwei Vorteile: Zum einen kommen die Lernenden schnell in die Umsetzung, was der Lernmotivation dienlich ist. Zum anderen können so die Erfahrungen, die die Lernenden während der Umsetzung des ersten Learning Loops gemacht haben, für die Planung der nächsten Learning Loops genutzt werden.

Dokumentationsmedium wählen: Innerhalb des Lernprozesses ergibt sich an vielen Stellen Schreibbedarf wie Mitschriften zu den Lerninhalten, Reflexionen etc. Bevor der Lernprozess startet, sollten die Lernenden daher ein Dokumentationsmedium wählen. Ob es sich dabei um ein digitales Whiteboard wie Miro (► https://miro.com/de/), ein Notizbuch wie OneNote oder um analoge Pinnwände mit Post-its oder das gute alte Lerntagebuch handelt, ist Geschmackssache. Jedes Tool hat seine Vor- und Nachteile. Das ist sicher auch der Grund, warum hierüber viel diskutiert wird. Wichtig ist, sich zu Beginn für ein einziges zu entscheiden, um sich nicht zu verzetteln. Die Reflexionsfragen und Canvas für die Lernenden, die Sie hier finden, können auf das präferierte Dokumentationsmedium übertragen werden.

Die Lerninhaltsliste gibt die Antwort darauf, welche Inhalte in welcher Reihenfolge gelernt werden müssen, um das Lernziel zu erreichen.

Der Lernplan legt fest, wie gelernt werden soll.

Die Lerninhaltsliste ist eine gute Basis, um die Learning Loops zu entwickeln.

Vor dem Start des Lernprozesses sollten die Lernenden ein Dokumentationsmedium wählen.

Ressourcen unterstützen den Lernenden bei seinem Lernvorhaben.

Ressourcen reflektieren: Um die angestrebten Lernziele zu erreichen, ist es hilfreich, zu reflektieren, welche Ressourcen den Lernenden zur Verfügung stehen. Unter Ressourcen verstehen wir alles, was der Lernende zur Unterstützung seines Lernvorhabens heranziehen kann: Vorwissen, das eine wesentliche Grundlage für den Aufbau neuer Kompetenzen bildet; positive Lernerfahrungen, die in der Vergangenheit gemacht wurden, können das Selbstvertrauen stärken; persönliche Erfolge in anderen Lebensbereichen verdeutlichen dem Lernenden, was er bereits erreicht hat; das soziale Umfeld, wie Kollegen, Freunde, Familie, stellt eine wichtige Ressource dar, da es Unterstützung, Feedback und neue Perspektiven bieten kann; Quellen, die für das Lernen genutzt werden können wie Bücher, Fachartikel, Blogs, Foren und andere digitale Medien, die Zugang zu Wissen und Informationen bieten. Die Reflexion dieser Ressourcen ermöglicht es den Lernenden, ihren Lernprozess effektiver zu gestalten, indem sie bewusst auf die ihnen zur Verfügung stehenden Hilfsmittel zurückgreifen.

Eine Erfolg versprechende Lernstrategie benötigt fortwährendes Lernmonitoring.

Lernmonitoring planen: Wichtiger Bestandteil einer Erfolg versprechenden Lernstrategie ist das Lernmonitoring. Dazu reflektieren die Lernenden fortwährend ihre Lernaktivitäten auf der Prozessebene. Die Frage „Was läuft gut und wo hakt es?" hilft den Lernenden, auf Lernkurs zu bleiben. Das Ergebnis dieser Reflexionen bietet eine gute Arbeitsgrundlage für die Auswertung, die jeweils nach einem komplett abgeschlossenen Learning Loop erfolgt (vgl. ▶ Kap. 8).

Ein Zeitplan hilft den Lernenden, die einzelnen Schritte des Learning Loops einzuhalten.

Zeitplan aufstellen: Stellen Sie mit den Lernenden einen Zeitplan auf und halten Sie schriftlich fest, bis wann die Lernenden die einzelnen Schritte des Learning Loops erledigt haben möchten. Achten Sie darauf, dass die Deadlines realistisch sind und zum Arbeitsalltag der Lernenden passen. Regen Sie die Lernenden dazu an, sich Zeiträume für die Erledigung der Schritte in ihrem Kalender zu blockieren.

WOOP ist eine wissenschaftlich fundierte Technik und dient der Zielerreichung und der Selbstregulation.

Lerntroubleshooting planen: Betriebliches Lernen findet im Kontext von Arbeit statt. Ein Lernplan kann in der Theorie ausgeklügelt sein, aber dann zum Beispiel an einem vollen Posteingang am Schreibtisch scheitern. Hier setzt „WOOP" an. WOOP ist eine wissenschaftlich fundierte Technik zur Zielerreichung und Selbstregulation (Oettingen 2015). Die Forschungen der Psychologin Gabriele Oettingen haben gezeigt, dass positives Denken für das Erreichen eines Ziels nicht ausreicht. Mindestens ebenso wichtig ist es, sich potenzielle Hindernisse und Herausforderungen bewusst zu machen. Das gleichzeitige Visualisieren von positiven Outcomes und möglichen Hindernissen erhöht die Wahrscheinlichkeit, das angestrebte Ziel zu erreichen. Im Folgenden finden Sie eine Beschreibung, wie Sie Ihre Lernenden anleiten können, ein WOOP für ihr Lernvorhaben zu erstellen:

1. Wish (Wunsch)
   - Definieren Sie Ihren Lernwunsch oder Ihr Lernziel klar und präzise (vgl. ▶ Abschn. 4.2).
   - Beispiel: Ich möchte innerhalb der nächsten vier Wochen die Grundlagen der neuen Analysesoftware erlernen, um Marketingdaten effizienter auswerten zu können.
2. Outcome (Ergebnis)
   - Überlegen Sie sich, welches positive Ergebnis oder welche Vorteile es bringen würde, wenn der Lernwunsch erfüllt würde.
   - Beispiel: Wenn ich die Software beherrsche, kann ich schnellere und fundiertere Entscheidungen treffen. Dies wird die Marketingkampagnen des Unternehmens effektiver machen und mir persönlich helfen, eine Schlüsselrolle im Team zu übernehmen.
3. Obstacles (Hindernisse)
   - Identifizieren Sie interne und externe Hindernisse, die das Erreichen des Lernziels verhindern könnten. Rufen Sie sich ein Lernvorhaben in der Vergangenheit in Erinnerung und reflektieren Sie, welche Hindernisse sich hier aufgetan haben. Alternativ oder zusätzlich reisen Sie mit ihrem Lernvorhaben gedanklich in die Zukunft und antizipieren Sie mögliche Lernhürden.
   - Beispiel: Meine Konzentration ist aufgrund von Unruhe im Büro gestört.
4. Plan (Wenn-dann-Plan)
   - Entwickeln Sie Strategien oder Aktionsschritte, um diese Hindernisse zu überwinden. Beleuchten Sie die Ressourcen, die Ihnen hierfür zur Verfügung stehen. Leiten Sie aus vergangenen Lernerfahrungen Empfehlungen für das bevorstehende Lernvorhaben ab. Wie sehen die Lerngewohnheiten aus? Was funktioniert gut, was weniger gut? Zur Darstellung der erarbeiteten Umgangsstrategien eignet sich die Formulierung von „Wenn-dann-Plänen": Wenn x passiert, mache ich y.
   - Beispiel: Wenn es im Büro zu unruhig ist, ziehe ich mich in einen Meetingraum zurück.

Diese Wenn-dann-Pläne können innerhalb des Lernprozesses in Begleitungssessions fortwährend aktualisiert werden. Möglicherweise tauchen im Lernprozess neue Lernhürden zur Bearbeitung auf, die anfänglich noch nicht berücksichtigt wurden, oder die entwickelten Wenn-dann-Pläne stellen sich in der Lernpraxis als unbrauchbar heraus und bedürfen einer Überarbeitung. Häufige Lernhürden sind zum Beispiel Probleme mit der Motivation, dem Zeitmanagement, der Konzentration und der Lernumgebung. Im Kapitel „Begleiten" (▶ Kap. 9)

Die Lernvereinbarung verdeutlicht die Willensentscheidung der Lernenden für das Lernprojekt.

finden Sie einige Tipps zur Unterstützung der Lernenden zu diesen Themen.

Lernvereinbarung treffen: Treffen Sie eine Lernvereinbarung mit den Lernenden. Es handelt sich dabei um eine Willenserklärung, in der die Lernenden versichern, dass sie den entwickelten Lernprozess selbstverantwortlich durchlaufen möchten. Sie als Lernbegleiter versichern, wie Sie die Lernenden dabei unterstützen. Diese Willensentscheidung ist ein wichtiger Schritt dafür, dass die Lernenden das Lernprojekt als ihr eigenes Lernprojekt ansehen und nicht wie eine delegierte Aufgabe abarbeiten (Gegenfurtner et al. 2016). Die Lernvereinbarung sollte Antworten auf die folgenden Fragen beinhalten: Wozu verpflichtet sich der Lernende? Mit welcher Unterstützung kann der Lernende rechnen? In welcher Form (online begleiten oder in Präsenz, per E-Mail …)? In welchem Umfang? Über welchen Zeitraum?

Wie Sie vielleicht ahnen, wird die Umsetzung des Planungsschritts nicht in einem Meeting abgeschlossen. So ist es zum Beispiel denkbar, dass Sie sich mit den Lernenden bis zur Fertigstellung der Lerninhaltsliste treffen und dann für die Konzeption des ersten Learning Loops zurückziehen. In einem nächsten Treffen können Sie diesen Vorschlag mit den Lernenden besprechen und gegebenenfalls anpassen. Die Lernenden können ihrerseits in Einzelarbeit einen Zeitplan sowie „Wenn-dann-Pläne" ausarbeiten und im nächsten Treffen mit Ihnen besprechen.

Die „Planen"-Phase muss auch nicht komplett abgeschlossen sein, bevor die Lernenden mit dem ersten Learning Loop starten, also dem Erschließen. So können sie sich bereits mit dem ersten Lerninhalt auseinandersetzen, während die Planung der Phasen „Tun" und „Reflektieren" parallel nebenbei läuft.

Planen ist auch nicht als starre Phase im Lernprozess zu verstehen, die einmalig zu Beginn stattfindet. Die dort getroffenen Vereinbarungen werden innerhalb des Auswertens fortwährend geprüft und flexibel an sich möglicherweise verändernde Rahmenbedingungen angepasst. Somit beinhalten die Phasen des Auswertens auch immer ein „Miniplanen"
◘ Abb. 4.1.

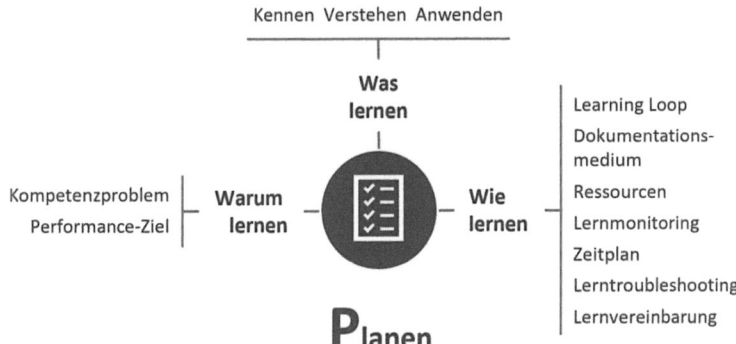

Abb. 4.1 Planen – Zusammenfassung

Literatur

Gegenfurtner, A., Könings, K.D., Kosmajac, N., & Gebhardt, M. (2016). Voluntary or mandatory training participation as a moderator in the relationship between goal orientations and transfer of training. International Journal of Training and Development, 4(20), 290–301.

Kirkpatrick, J. D., Kirkpatrick, W. K., Kirkpatrick, D. L. & Biech, E. (2016). Kirkpatrick's four levels of training evaluation. ATD Press.

Kerres, M. (2021). Didaktik: Lernangebote gestalten. UTB.

Oettingen, G. (2015). Die Psychologie des Gelingens. Pattloch.

Weinbauer-Heidel, I. (2016). Was Trainings wirklich wirksam macht. 12 Stellhebel der Transferwirksamkeit, tredition GmbH.

Willmore, J. (2016). Performance basics (2. Aufl.). ATD Press.

E – Erschließen

Inhaltsverzeichnis

5.1 Kuratieren: vorhandenen Content nutzen – 47

5.2 Produzieren: Dokumente, Audios, Videos – 49

5.3 Trainieren: online und in Präsenz – 59

5.4 Brokern: Experten vermitteln – 65

5.5 Coachen: selbstgesteuertes Lernen unterstützen – 67

Literatur – 71

© Der/die Autor(en), exklusiv lizenziert an Springer-Verlag GmbH, DE, ein Teil von Springer Nature 2024
J. Sammet, J. Sammet, *Good Learning - Guide zur agilen Lernbegleitung in Unternehmen*,
https://doi.org/10.1007/978-3-662-68512-9_5

Der Weg, auf dem die Lernenden sich die Lerninhalte erschließen, bestimmt die Aufgaben des Lernbegleiters.

Nach dem Planen startet der erste Learning Loop mit einem Lerninhalt. Dabei handelt es sich um einen didaktisch aufbereiteten Input zum ersten Inhalt aus der Inhaltsliste, die im Schritt „Planen" erstellt wurde (vgl. ▶ Kap. 4). Je nach Umfang der Inhalte können auch mehrere Inhalte in einem Learning Loop behandelt werden. Die Wege, auf denen die Lernenden sich die Lerninhalte erschließen, können je nach Thema und Rahmenbedingungen unterschiedlich sein. Analog zum gewählten Weg variiert Ihre Rolle als Lernbegleiter (◘ Abb. 5.1).

Lernbegleiter mit Fachexpertise können kuratieren, produzieren oder trainieren.

Lernbegleiter mit Fachexpertise kuratieren, produzieren und trainieren: Sind Sie Fachexperte zum Thema, können Sie selbst die Wissensvermittlung übernehmen. Drei Wege stehen Ihnen zur Auswahl: kuratieren, produzieren, trainieren. Können Sie auf keine fertigen Lerninhalte zurückgreifen, weil Sie zum Beispiel unternehmensspezifische Informationen benötigen, besteht die Möglichkeit, selbst Lerninhalte zu produzieren oder Wissen via Training zu vermitteln. ◘ Tab. 5.1 zeigt

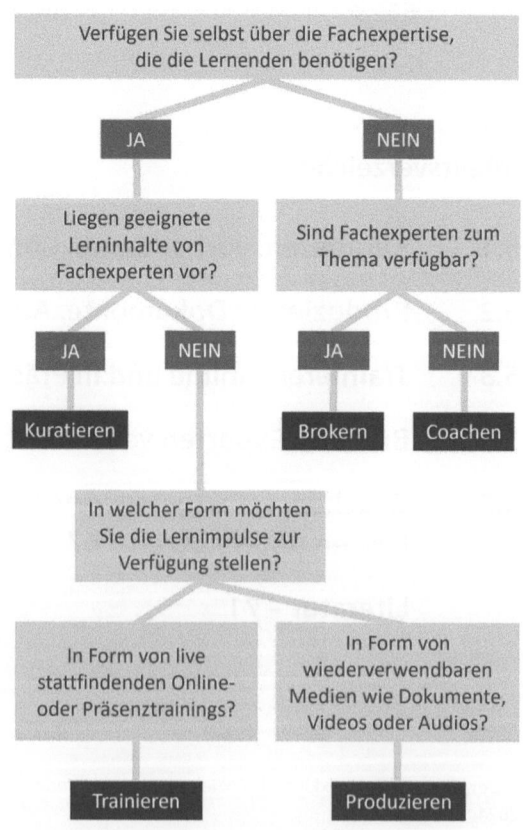

◘ Abb. 5.1 Erschließen: Entscheidungshilfe Lernbegleiteraufgabe

Tab. 5.1 Lernbegleiter mit Fachexpertise: Kuratieren, Produzieren, Trainieren im Vergleich. (Quelle: eigene Darstellung)

	Kuratieren	Produzieren	Trainieren
Tätigkeit	Sie wählen bereits fertige, nicht selbst erstellte Lernmedien aus und bereiten sie didaktisch auf.	Sie planen und erstellen selbst Lerninhalte, die die Lernenden zeitlich und örtlich flexibel nutzen können (asynchrone Lernformate).	Sie vermitteln die Lerninhalte live im virtuellen Raum oder in Präsenz (synchrone Lernformate).
Formate (Auswahl)	Sämtliche asynchrone Lernmedien, die zur Verwendung verfügbar sind, wie Videos, Audios, Beiträge im Netz, Bücher, Zeitschriften, Infografiken …	Dokumente Audios Videos	Liveonlinetraining Präsenztraining Training on the Job
Vorteile	Zeitsparend, da die Lerninhalte nicht selbst erstellt werden müssen. Lernende können im eigenen Tempo lernen. Es muss kein gemeinsamer Termin koordiniert werden. Skalierbar: Die Wissensvermittlung kann unabhängig von der Gruppengröße stattfinden.	Lernende können im eigenen Tempo lernen. Es muss kein gemeinsamer Termin koordiniert werden. Skalierbar: Die Wissensvermittlung kann unabhängig von der Gruppengröße stattfinden.	Sie können unmittelbar auf Fragen, die sich während der Wissensvermittlung ergeben, eingehen. Vorbereitung ist weniger aufwendig als die Produktion von Lernformaten. Motivierender, da das Lernen im Austausch stattfindet und es einen festen, sozial verbindlichen Termin gibt.
Nachteile	Fragen der Lernenden zum Input können nicht unmittelbar geklärt werden.	Fragen der Lernenden zum Input können nicht unmittelbar geklärt werden. Erstellung ist meist aufwendiger. Bei Videos: Aktualisierungen sind aufwendiger umsetzbar.	Höherer organisatorischer Aufwand: Es muss ein gemeinsamer Termin (und gegebenenfalls Raum) organisiert werden. Lernende können nicht zum selbst gewählten Termin und im eigenen Tempo lernen. Für den Lernbegleiter ist diese Form zeitaufwendig in der Durchführung.

(Fortsetzung)

☐ **Tab. 5.1** (Fortsetzung)

	Kuratieren	Produzieren	Trainieren
Einsatzgebiete	Alle Lerninhalte sind möglich, zu denen bereits gute Lernmedien zur Verfügung stehen und die genutzt werden dürfen.	Große Zielgruppen sind nötig, damit sich der Produktionsaufwand lohnt. Es müssen Inhalte sein, die über einen längeren Zeitraum Gültigkeit behalten, um aufwendige Aktualisierungen zu vermeiden. Es muss ausreichend Zeit für die Erstellung zur Verfügung stehen. Es kann ergänzendes Material zu synchronen Lernformaten sein, damit die Lernenden im Nachgang die Inhalte wiederholen können.	Gut für schnell veränderliche Inhalte, da der Vorbereitungsaufwand vergleichsweise gering ist. Sinnvoll, wenn Wissen besonders schnell vermittelt werden muss. Für komplexere Sachverhalte geeignet, da Sie unmittelbar auf Fragen eingehen können. Zur konzeptuellen Vorbereitung eines asynchronen Lernformats: Auf diese Weise können Fragen der Zielgruppe gesammelt und bei der Erstellung des asynchronen Lernformats berücksichtigt werden.

Lernbegleiter ohne Fachexpertise können brokern oder coachen.

die verschiedenen Möglichkeiten der Wissensvermittlung einander gegenübergestellt.

Lernbegleiter ohne Fachexpertise brokern und coachen: Möglicherweise kommen Sie als Lernbegleiter zum Einsatz, ohne über die von den Lernenden benötigte Fachexpertise zu verfügen. In diesem Fall verschiebt sich Ihre Aufgabe weg von der Wissensvermittlung hin zur Lernunterstützung. Abhängig davon, ob zum Thema Fachexperten verfügbar sind oder nicht, agieren Sie entweder als Broker oder als Coach.

Der Lerndiamant – didaktisches Grundmodell: Unabhängig davon, auf welche Weise Sie das Erschließen des Inhalts unterstützen, sollten Sie sich an dem didaktischen Modell des Lerndiamanten orientieren. Der Lerndiamant baut auf den „Merkmalen erfolgreichen Unterrichts" von Lipowsky (2020) auf und folgt dem Prinzip des „Öffnens und Schließens". Er besteht aus drei Phasen (☐ Abb. 5.2):

Der Lerndiamant unterteilt sich in die Phasen Hinführen, Vermitteln/Erarbeiten und Vertiefen.

1. **Hinführen:** Bevor das eigentliche Wissen erschlossen wird, müssen die Bedingungen dafür geschaffen werden, dass die Lernenden sich für den Inhalt „öffnen", um ihn aufnehmen zu können. Dies gelingt durch Aktivieren des Vorwissens und Verdeutlichen der Relevanz. Geeignet sind Brainstormings, zum Beispiel zu Hürden zum Lernthema, Praxisfälle für Storytelling oder Reflexionsfragen zum Nutzen des Lerninhalts.

5.1 · Kuratieren: vorhandenen Content nutzen

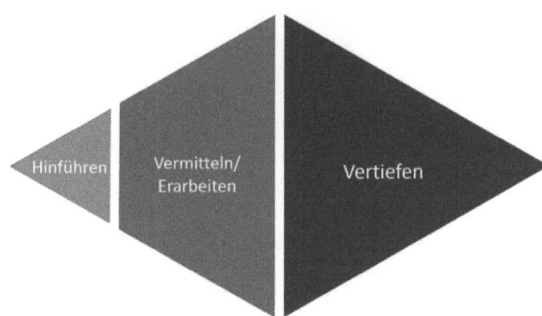

◘ **Abb. 5.2** Erschließen: Lerndiamant

2. **Vermitteln/Erarbeiten:** Nachdem die Lernenden sich für den Input „geöffnet" haben, folgt der eigentliche Input. Er sollte didaktisch reduziert und logisch strukturiert sein. In der Kürze liegt die Würze: Es sollte nur so viel Information wie nötig sein, um handlungsfähig zu werden und das Problem in der Praxis zu lösen. Passende, anschlussfähige (Praxis-)Beispiele, Metaphern, Analogien und Bilder helfen, das Gelernte besser zu verstehen und sich zu merken.
3. **Vertiefen:** Diese Phase dient der Festigung des Lerninhalts. Es wird sichergestellt, dass der Input verstanden und erinnert werden kann. Dafür ist es nötig, den Lerninhalt zu wiederholen und Fragen zum Lerninhalt zu klären. Falls Sie Fachexperte sind, bieten Sie den Lernenden Wege an, auf denen sie ihre Fragen loswerden können. Nachdem sichergestellt ist, dass der Lerninhalt verstanden wurde, folgt die Wiederholung. Sie kann zum Beispiel in Form eines Austauschs mit anderen Lernenden oder von Multiple-Choice-Fragen initiiert werden. Zur Erstellung von Quizfragen eignet sich etwa das ChatGPT-Plugin „Flashcards Generator for Quizlet" (▶ https://quizlet.com/): Ein Text, der den zu wiederholenden Input enthält, wird in ChatGPT mit dem passenden Prompt eingegeben. Als Antwort folgen Multiple-Choice-Fragen.

5.1 Kuratieren: vorhandenen Content nutzen

Für das Kuratieren von Inhalten hat sich das in ◘ Abb. 5.3 dargestellte von Harold Jarche entwickelte Framework „Seek, Sense and Share" bewährt (Jarche 2014):

Seek: Starten Sie mit dem ersten Inhalt Ihrer Lerninhaltsliste und brainstormen Sie, welche Informationen zu dessen Vermittlung benötigt werden. Das können Modelle, Theorien,

Das Framework „Seek, Sense and Share" unterstützt das Kuratieren von Lerninhalten.

Seek ist die Suche nach passenden vorhandenen Lerninhalten.

Abb. 5.3 Erschließen: Seek, Sense and Share

Prozesse etc. sein. Fokussieren Sie im Sinne der didaktischen Reduktion auf die lernzielrelevantesten Inhalte. Bringen Sie sie in eine logische Reihenfolge. Überlegen Sie nun, in welchen Quellen Sie fündig werden können, und recherchieren Sie dort. Als Fachexperte dürfte es Ihnen leichtfallen, einschlägige Quellen zum Inhalt auf Anhieb zusammenzustellen. Das Ergebnis Ihrer Recherche können Scans aus Büchern oder Screenshots von Webseiten, Links zu Blogs, Videos etc. sein. Sollten Sie die Auswahl zwischen mehreren Darstellungen haben, wählen Sie die beste Variante aus. Das ist die Variante, bei der möglichst viele der folgenden Kriterien zutreffen: verständlich, strukturiert, konkret, praxisrelevant, einprägsam.

> ▶ **Beispiel**
>
> Lernbegleiter Ulf kuratiert Inhalte für eine agile Lernbegleitung zum Thema „Führung". Im Schritt „Seek" schaut er sich die Lerninhaltsliste an. Einer der Inhalte ist „Gesprächsführung". In einem Brainstorming sammelt er Informationen, um das Thema „Gesprächsführung" vermitteln zu können: „Aktives Zuhören", „Fragetechniken", „Vier Seiten der Nachricht", „Eisbergmodell", ... Danach trägt er die Quellen zusammen, in denen er zu den Modellen fündig wird. ◀

Neben der Suche, ausgehend von konkreten bekannten Quellen, können Sie sich auch fortlaufend über Ihr Fachthema informieren lassen. Hierfür eignen sich Dienste wie Google Alerts (▶ https://www.google.de/alerts). Es überwacht das Internet und findet die Seiten, die bestimmte Schlüsselwörter enthalten, die Sie festgelegt haben. Sie werden per E-Mail informiert, wenn jemand diese Schlüsselwörter erwähnt. Bei dieser Form der Suche sollten Sie jedoch immer die Qualität der Quellen überprüfen. Ein weiteres Tool, das Sie beim Kuratieren unterstützt, ist der RSS-Reader Feedly (▶ https://feedly.com/). Er erleichtert die Organisation von ausgewählten Websites und Blogs zu bestimmten Themen.

Im Schritt Sense werden die Lerninhalte an die Lernenden angepasst.

Sense: Bei diesem Schritt werden die Inhalte personalisiert, also an die Lernenden angepasst. Werfen Sie hierfür nochmals einen Blick auf die Lernstrategie (vgl. ▶ Abschn. 4.1). Welches Problem besteht in der Praxis der Lernenden, das durch den Lernprozess gelöst werden soll? Bringen Sie dieses Problem in Verbindung mit den recherchierten Inhalten und reichern Sie diese mit Bezügen zur Problemlösung an. So stellen

Sie sicher, dass das Lernmaterial relevant für die Lernenden ist und gut aufgenommen werden kann. Fügen Sie Beispiele, Fallstudien oder reale Anwendungen aus der Praxis der Lernenden hinzu. Ergänzen Sie Ihre eigene Expertise, wo diese in den recherchierten Inhalten fehlt. Regen Sie die Lernenden zum Reflektieren an und stellen Sie entsprechende Fragen:

- Welche Gedanken gingen Ihnen beim Lesen des Texts (Anschauen des Videos, Anhören des Audios) durch den Kopf?
- Welche Informationen waren besonders interessant, hilfreich, wertvoll?
- Wie könnten Sie den Input auf Ihre Praxis anwenden?
- Was ist Ihnen unklar?

Share: Bereiten Sie die Inhalte in einer Form auf, in der Sie sie mit den Lernenden teilen können bzw. in der die Lernenden den Lerninhalt gut aufnehmen können. Geeignet ist zum Beispiel ein gut strukturierter Text. Passende Überschriften helfen den Lernenden, den Text schnell zu überfliegen. Ein Inhaltsverzeichnis mit verlinkten Kapiteln schafft ebenfalls Struktur. Im Text können Sie die kuratierten Inhalte mit Ihren Worten einführen, um Ihre eigene Expertise ergänzen und an den entsprechenden Stellen zu den kuratierten Inhalten verlinken oder sie einfügen (zum Beispiel Grafiken). Eine alternative, visuell ansprechende Möglichkeit ist, die Inhalte auf einer virtuellen Pinwand zu platzieren. Das Onlinetool Padlet (▶ https://padlet.com/) bietet hierfür eine Vielzahl von Möglichkeiten: So können Sie dort im „Kartendesign" verschiedene Inhalte darstellen. Beispielsweise ist es möglich, Dateien verschiedener Formate hochzuladen, Links anzuhängen und eine Vorschau zum verlinkten Medium anzeigen zu lassen, Audio- und Bildschirmaufnahmen sowie Freihand- und KI-basierte Bilder zu erstellen und zu teilen. Die „Karten" können um eigene Überschriften und Beschreibungstexte ergänzt (personalisiert) und mit Pfeilen oder Etiketten in Beziehung gesetzt werden. Beachten Sie immer auch die rechtlichen Rahmenbedingungen. Einen guten Überblick zu den Dos and Don'ts liefert der lernOS Content Curation Leitfaden der Cogneon Akademie (Dückert, o. D.).

In „Share" werden die Lerninhalte so aufbereitet, dass sie mit den Lernenden geteilt werden können.

5.2 Produzieren: Dokumente, Audios, Videos

Wenn keine bereits vorhandenen Lerninhalte zur Verfügung stehen, kann der Lernbegleiter diese selbst produzieren. Hierbei eröffnet sich ihm ein breites Spektrum an Möglichkeiten zur Gestaltung. In diesem Buch konzentrieren wir uns auf drei gängige Formate: Dokumente, Audios und Videos. Um Ihnen

◘ **Tab. 5.2** Produzieren: asynchrone Lernformate „Dokumente, Audios und Videos" im Vergleich. (Quelle: eigene Darstellung)

Kriterium	Dokumente	Audios	Videos
Varianten	Lernskript Workbook Infografik Canvas Checkliste	-	Realvideo Screencast PowerPoint-Video
Zugänglichkeit	Sie können je nach Präferenz digital am Bildschirm oder analog in Papierform gelesen und bearbeitet werden.	Sie können überall gehört werden, auch „tote Zeiten" können effektiv genutzt werden. Je nach Umgebung werden Kopfhörer benötigt.	Je nach Umgebung werden Kopfhörer benötigt.
Multisensorik	Visuelle Wahrnehmung	Auditive Wahrnehmung	Kombiniert visuelle und auditive Wahrnehmung
Pacing	Selbstbestimmt im eigenen Tempo lesbar und wiederholbar	Vorgegeben, gegebenenfalls kann die Wiedergabegeschwindigkeit erhöht werden	Vorgegeben, gegebenenfalls kann die Wiedergabegeschwindigkeit erhöht werden
Aktualisierbarkeit	Im Vergleich am wenigsten aufwendig	Im Vergleich mittel aufwendig	Im Vergleich am aufwendigsten
Erstellungsaufwand	Im Vergleich am wenigsten aufwendig	Im Vergleich mittel aufwendig	Im Vergleich am aufwendigsten
Technische Kompetenzen	Im Vergleich am geringsten	Im Vergleich mittel	Im Vergleich am höchsten
Einsatzgebiete	Inhalte jeder Art	Weniger komplexe Inhalte	Inhalte jeder Art

die Auswahl des passenden Lernformats zu erleichtern, werden diese in ◘ Tab. 5.2 näher beleuchtet.

> ▶ **Beispiel**
>
> Lernbegleiterin Tanja erhält die Aufgabe, einen neuen Prozess für Außendienstmitarbeitende zu vermitteln. Da dieser Prozess innerhalb der Vertriebsabteilung neu entwickelt wurde, kann sie auf keine vorhandenen Lernformate zurückgreifen. Zur Wissensvermittlung entscheidet sie sich für einen Mix aus Audios und Dokumenten. Die Audios sind für die Zielgruppe gut geeignet, da sie im Außendienst viel Zeit im Auto verbringen. Die Dokumente, bestehend aus Infografiken und Checklisten, ergänzen das Gehörte visuell und sind hilfreich, um alle Schritte im Prozess korrekt umzusetzen. ◄

5.2 · Produzieren: Dokumente, Audios, Videos

- **Die Basis für alle asynchronen Lernformate: ein guter Text**

Die Grundlage jeder Art asynchroner Lernformate ist ein Text, der in geschriebener oder gesprochener Form bereitgestellt wird. Er sollte leicht verständlich sein. Stellen Sie sich bei der Formulierung folgende Fragen, um die Verständlichkeit zu erhöhen:

- Ist der Text für die Zielgruppe verständlich?
- Ist der Text klar und logisch strukturiert?
- Nutzen Sie aktive statt passive Sprache? Beispiel: Statt „Danach werden die Schrauben gelockert" besser „Lockern Sie danach die Schrauben".
- Setzen Sie Verben statt Substantivierungen ein? Beispiel: Statt „Die Förderung der Kreativität ist unser Ziel" besser „Wir fördern kreative Ideen".
- Verwenden Sie einfache Worte?
- Sind den Lernenden die genannten Konzepte und Begriffe bekannt? (Prinzip des Vorwissens, Mayer 2009)
- Sind Ihre Sätze kurz und frei von unnötigen Füllwörtern? (Kohärenzprinzip, Mayer 2009)
- Ist der Text lang genug bzw. können Sie ihn straffen?
- Verwenden Sie die direkte Sie- oder Du-Ansprache? (Personalisierungsprinzip, Mayer 2009)

> Die Basis aller asynchronen Lernformate ist ein verständlicher und logischer Text.

Bei der Texterstellung und -optimierung kann ChatGPT unterstützen. Bevor Sie in die konkrete Produktion von Lernformaten einsteigen, ist es empfehlenswert, den Text hinsichtlich Verständlichkeit und „Flughöhe" zu überprüfen. Fachexperten neigen oft dazu, zu tief in ihren Spezialgebieten verankert zu sein, was die korrekte Einschätzung der Verständlichkeit für Laien erschweren kann. Daher ist es ratsam, vorab ein Feedback Ihrer Zielgruppe einzuholen. Dieser Schritt hilft Ihnen dabei, sicherzustellen, dass das Niveau der Verständlichkeit und der Detailgrad der Inhalte genau auf die Bedürfnisse und das Vorwissen Ihrer Lernenden abgestimmt sind.

-  **Dokumente**

Dokumente bieten je nach Inhalt und Lernziel unterschiedliche Möglichkeiten der Gestaltung. Für einen ersten Überblick zeigt ◘ Tab. 5.3 fünf Dokumentformate und ihre Einsatzgebiete. Daran anschließend erhalten Sie konkrete Tipps zur Umsetzung der einzelnen Formate.

Lernskript – Tipps zur Umsetzung: Sie können Lernskripte mit der Office-Anwendung Microsoft Word oder einer anderen Textverarbeitungssoftware erstellen und im PDF-Format aushändigen. Bieten Sie das Lernskript je nach

> Es bieten sich fünf Dokumentformate für den Lernbegleiter als Produzent an: Lernskript, Infografik, Checkliste, Canvas und Workbook.

> Lernskripte sollten sowohl in digitaler als auch in analoger Version angeboten werden.

◘ **Tab. 5.3** Produzieren: Definition und Einsatzgebiete von fünf Dokumentformaten. (Quelle: eigene Darstellung)

	Definition	Einsatzgebiete
Lernskript	Ein Lernskript ist ein gut strukturierter Text zum Lerninhalt.	Wissensvermittlung auf sämtlichen Themengebieten Vergleichsweise schnell erstellbar
Infografik	Eine Infografik ist eine visuell kompakte Darstellung von Informationen, in der Texte, Bilder, Diagramme etc. miteinander kombiniert werden.	Multimediale Wissensvermittlung Vereinfachung komplexer Informationen Steigerung der Aufmerksamkeit Auflockerung von langen Texten in Lernskripts (vgl. oben)
Checkliste	Eine Checkliste ist eine listenartige Handlungsanweisung mit allen erforderlichen Kontrollen, um eine Aktion korrekt durchzuführen.	Vermittlung von Prozessen Vermittlung von Qualitätskriterien Als Hilfsmittel beim Schritt „Tun" (vgl. ► Kap. 6) Als Hilfsmittel für den Schritt „Reflektieren" (vgl. ► Kap. 7)
Canvas	Ein Canvas ist ein visuelles Framework, bestehend aus Fragen und Feldern zum Hineinschreiben.	Gestaltung der Phasen „Hinführen" und „Vertiefen" (vgl. Lerndiamant, ◘ Abb. 5.2) Gestaltung des Schrittes „Tun", abhängig vom Lerninhalt (vgl. ► Kap. 6) Strukturieren von Gedanken Visualisieren von Ideen Analyse von Problemen
Workbook	Ein Workbook ist eine Sammlung von Bearbeitungsaufgaben, die direkt im Dokument umgesetzt werden können.	Gestaltung der Phasen „Hinführen" und „Vertiefen"

Präferenz der Lernenden in digitaler und/oder (ausdruckbarer) analoger Version an. Lassen Sie ausreichend Rand im Dokument, um Platz zum Notieren eigener Gedanken zu bieten. Heben Sie wichtige Informationen durch Highlightboxen optisch hervor. Sorgen Sie mit aussagekräftigen Kapitelüberschriften, die sich am Bildschirm dank Verlinkungen im Inhaltsverzeichnis schnell aufrufen lassen, für eine gute Orientierung. Lockern Sie den Text mit passenden Grafiken auf. Reichern Sie ihn mit Verlinkungen auf Videos oder andere Ressourcen multimedial an. Ergänzen Sie QR-Codes, damit die Lernenden die externen Ressourcen auch in der ausgedruckten Papierform zum Beispiel am Smartphone-Bildschirm anschauen können.

5.2 · Produzieren: Dokumente, Audios, Videos

Infografik – Tipps zur Umsetzung: Für die Umsetzung einfacher Infografiken eignet sich die Office-Anwendung Microsoft PowerPoint oder Canva (▶ https://www.canva.com/). Versuchen Sie, die Anzahl der Hauptpunkte des Lerninhalts auf sieben oder weniger zu beschränken bzw. zusammenzufassen. Damit helfen Sie den Lernenden, die Informationen schneller aufzunehmen und besser im Gedächtnis zu behalten. Finden Sie für die einzelnen Punkte ein visuelles, leicht verständliches Icon. Erstellen Sie zunächst eine grobe Skizze, um zu planen, wo welche Informationen hinpassen. Nutzen Sie Designelemente wie Größe, Farbe und Platzierung, um eine visuelle Hierarchie zu schaffen. Achten Sie darauf, das Design einfach und übersichtlich zu halten. Vermeiden Sie unnötige Elemente, die die Aufmerksamkeit vom Wesentlichen ablenken.

> Die Hauptpunkte in den Infografiken sollten auf sieben oder weniger beschränkt werden.

Checkliste – Tipps zur Umsetzung: Checklisten können Sie einfach in Word mit einer zweispaltigen Tabelle erstellen. In der ersten Spalte werden die Handlungsanweisungen aufgeführt. Die zweite Spalte bleibt frei und dient als Markierungsfeld zum Abhaken. Zerlegen Sie komplexe Aufgaben in einzelne Schritte. Formulieren Sie die Handlungsanweisungen so spezifisch wie möglich. Achten Sie auf Vollständigkeit der Handlungsanweisungen und führen Sie in einer logischen Reihenfolge auf. Formulieren Sie in der Ich-Form und in der Zeitform Perfekt, um auszudrücken, dass eine Handlung abgeschlossen ist (zum Beispiel: „Ich habe den Ölstand überprüft."). Je nach Einsatzgebiet in der Praxis empfiehlt es sich, die Checkliste auszudrucken und einlaminiert am Einsatzort anzubringen. Auf diese Weise kann sie mit einem abwaschbaren Stift immer wieder verwendet werden.

> Checklisten können einfach in Word mit einer zweispaltigen Tabelle erstellt werden.

Canvas – Tipps zur Umsetzung: Möchten Sie das Canvas in Papierform zur Verfügung stellen, können Sie es zum Beispiel mit PowerPoint oder Canva erstellen. Achten Sie bei der Verwendung in Papierform darauf, dass die Felder ausreichend Platz zum Ausfüllen bieten. Canvas in der digitalen Version können Sie auf virtuellen Whiteboards wie Miro (▶ https://miro.com/de/) umsetzen. Achten Sie auf klare Fragen. Verwenden Sie falls möglich zusätzlich zu den Fragen dazu passende Icons, um das Canvas optisch ansprechender zu gestalten.

> Canvas können in Papierform oder digital zur Verfügung gestellt werden.

Workbook – Tipps zur Umsetzung: Workbooks lassen sich mit der Office-Anwendung PowerPoint oder Canva erstellen. Letztere Software bietet eine Vielzahl von Vorlagen an, die Sie adaptieren können. Bieten Sie das Workbook in digitaler und (ausdruckbarer) analoger Version an, sodass die Lernenden entsprechend ihrer Präferenz wählen können. Stellen Sie das Workbook als geteiltes Dokument (zum Beispiel GoogleDocs ▶ https://docs.google.com/) zur Verfügung, so haben die Ler-

> Workbooks können in analoger und digitaler Version angeboten werden, auch als geteiltes Dokument.

nenden ausreichend Platz für die Bearbeitung von Freitextaufgaben. Geteilte Dokumente bieten außerdem den Vorteil, dass Sie jederzeit Zugriff darauf haben, etwa um Feedback zu geben und Informationen zum Bearbeitungsstand zu erhalten. Achten Sie auf klare und präzise formulierte Aufgaben. In der Box finden Sie eine Auswahl an Aufgabentypen, die Sie je nach Lerninhalt und Lernziel nutzen können.

Workbook: Aufgabentypen

Freitextaufgaben: Lernende beantworten Fragen in Textform, um Lerninhalte zu reflektieren, zu vertiefen, zu wiederholen, zu diskutieren etc.

Multiple-Choice-Fragen: Lernende wählen die richtige Antwort aus mehreren Optionen aus, um Lerninhalte zu wiederholen.

Lückentexte: Lernende ergänzen die fehlenden Wörter oder Begriffe in einem Text.

Zuordnungsaufgaben: Lernende ordnen Begriffe, Daten oder Bilder einander zu.

Kreuzworträtsel: Lernende füllen ein Rätsel mit Wörtern aus, die auf Hinweisen basieren.

Experimente: Lernende führen Experimente durch, zum Beispiel Beobachtungsaufgaben, und dokumentieren ihre Ergebnisse.

Bewertungsaufgaben: Lernende bewerten einen Sachverhalt auf einer Skala.

Audios

> Audios eignen sich für die Vermittlung einfacherer Sachverhalte.

Audios eignen sich für die Vermittlung einfacherer Sachverhalte, da die fehlende visuelle Komponente die Aufnahme komplexerer Sachverhalte erschwert (Mayer 2009). Beachten Sie bei der Erstellung folgende Tipps:

Sprechtext: Auch wenn die Verführung groß sein sollte, „mal schnell" ein Audio aufzunehmen, hat die Erfahrung gezeigt, dass es sich auszahlt, in gute Vorbereitung zu investieren. So ist es hilfreich, den Sprechtext vorab schriftlich, zumindest in Stichpunkten, festzuhalten. Auf diese Weise strukturieren Sie nochmals Ihre Gedanken und werden sich bewusst, was genau Sie wie sagen möchten und was nicht. Erfahrungsgemäß lässt sich so die eine oder andere aufwendige Probeversion sparen. Wie der Name schon sagt, handelt es sich beim Sprechtext um gesprochenen Text. Gesprochener Text hat gegenüber geschriebenem Text den Vorteil, dass er oft leichter verstanden wird. Entwickeln Sie daher den Text sprechend. Indem Sie Ihre Worte mit einer Aufzeichnungssoftware aufnehmen, können Sie sie im Anschluss niederschreiben und optimieren. Testen Sie die Diktierfunktion in Word oder auf Ihrem Smartphone, um Zeit für das Abtippen einzusparen. Eine weitere Zeitersparnis kann ChatGPT beim Optimieren des Sprechtexts bringen.

Sprache/Stimme: Sprechen Sie langsam, klar und deutlich. Idealerweise sprechen Sie den Text frei. Dies wirkt natürlicher, was das Zuhören erleichtert. Fällt Ihnen dies schwer, so ist betontes Ablesen auch eine Option. Sprechen Sie idealerweise im Stehen und begleiten Sie Ihre Worte mit Gestik (Hände) und Mimik (Lächeln, ausgeprägte Mundbewegungen), denn eine positive Körpersprache wirkt sich automatisch auch auf Ihre Stimme und Sprache aus. Machen Sie im Vorfeld Stimmübungen, um die Stimme vorzubereiten.

Segmentierung: Erstellen Sie lieber mehrere kurze Audios als ein langes (Segmentierungsprinzip, Mayer 2009). Dies hilft zum einen den Lernenden, schnell spezifische Informationen zu finden, besonders, wenn Sie aussagekräftige Audiotitel und Schlagworte verwenden. Zum anderen erleichtert es Ihnen das Erstellen des Audios, da Sie weniger Text am Stück sprechen müssen. Wenn Sie zusätzlich zu kurzen Audios auch einen längeren Zusammenschnitt mehrerer Audios bereitstellen, können die Lernenden ihn anhören, während sie gedanklich weniger anspruchsvolle Tätigkeiten ausüben.

Aufnahmequalität: Für eine hohe Aufnahmequalität ist ein professionelles Mikrofon eine wichtige Voraussetzung. Ein Kondensatormikrofon bietet eine hohe Klangqualität. Nutzen Sie einen Popschutz, um störende „Pop"-Geräusche in der Aufnahme zu verhindern, die durch Plosivlaute („P", „T", „K") erzeugt werden. Nehmen Sie das Audio in einer ruhigen Umgebung mit einer guten Raumakustik auf.

Transkript: Bieten Sie ergänzend zu den Audios Transkripte an. Sie sind eine gute Möglichkeit, spezifische Informationen schnell via Suchfunktion zu finden.

Pragmatismus: Für Lernbegleiter, die zu Perfektionismus neigen, kann die Audioproduktion schnell zu einem zeitraubenden Projekt werden. In diesem Fall ist es wichtig, sich das eigentliche Ziel vor Augen zu führen: Wissen zu vermitteln. Dies ist auch ohne Perfektion erreichbar. Für alle Produktionen gilt das KISS-Prinzip – Keep it simple and stupid.

Interaktion: Ohne visuelle Ankerpunkte kann es leichter zu Ablenkungen kommen. Binden Sie daher Aufgaben ein, um die Lernenden aktiv zu beteiligen und ihre Aufmerksamkeit aufrechtzuerhalten. Dies können Reflexionsaufgaben, Quizfragen, Schreibaufträge, Höraufgaben etc. sein. Je nachdem, um welche Aufgabe es sich handelt, bitten Sie die Lernenden, das Hören des Audios zum Erledigen der Aufgabe zu unterbrechen.

Storytelling: Audios sind das ideale Medium für Storytelling. Verpacken Sie, wann immer möglich, die Lerninhalte in Geschichten. Schmücken Sie sie aus, um die Vorstellungskraft der Lernenden anzuregen und innere Bilder entstehen zu lassen. Dies macht die Wissensvermittlung lebendiger und einprägsamer.

Wiederholung: Um der Flüchtigkeit des Mediums entgegenzuwirken, wiederholen Sie wichtige Punkte und fassen Sie am Ende die Kerninhalte zusammen.

Bildmaterial: Stellen Sie zusätzlich Bildmaterial wie Grafiken zur Verfügung. Verweisen Sie innerhalb der Audios an den passenden Stellen auf das Material.

KI-Unterstützung: Wer das Audio nicht selbst sprechen möchte, kann sich von KI-Tools wie zum Beispiel MURF.AI (▶ https://murf.ai/) unterstützen lassen. Dieses Tool erzeugt Audios auf der Grundlage eines eingegebenen Texts und einer ausgewählten Stimme. Im Nachgang können Sie das Audio dann noch manuell optimieren, zum Beispiel durch Korrekturen der Aussprache oder das Setzen von Pausen. Sie sollten jedoch abwägen, ob Sie sich dieser technischen Abkürzung bedienen wollen, denn nicht alles, was technisch möglich ist, ist auch didaktisch sinnvoll. So sollten menschliche Stimmen stets den Vorzug gegenüber computergenerierten Stimmen erhalten (Stimmprinzip, Mayer 2009).

- **Videos**

Für Lernvideos bieten sich drei Formate an: das Realvideo, der Screencast und das PowerPoint-Video.

Drei Videoformate haben sich aufgrund der allgemein verfügbaren Tools und der einfachen Umsetzungsmöglichkeiten in der Praxis bewährt: das Realvideo, der Screencast und das PowerPoint-Video.

Beim *Realvideo* handelt es sich um die Aufzeichnung eines Lerninhalts mit einer Videokamera, zum Beispiel die des Smartphones. Geeignet sind alle Lerninhalte, die mit der Kameralinse gut eingefangen werden können, wie etwa die Erklärung eines sichtbaren Gegenstands (zum Beispiel Maschine) oder eines Prozesses (zum Beispiel Laborversuch).

PowerPoint-Videos eignen sich, komplexe Inhalte vereinfacht darzustellen.

Unter *Screencast* werden alle Aufzeichnungen eines Bildschirms oder eines Bildschirmausschnitts gefasst, in der Regel begleitet von einer Off-Stimme. Ein häufiges Einsatzgebiet ist die Vermittlung von Softwareprozessen, bei der Mausbewegungen und Tastatureingaben aufgezeichnet werden.

Eine spezielle Screencast-Variante ist das *PowerPoint-Video*. Die Lerninhalte werden hier auf PowerPoint-Folien visualisiert und animiert. Es eignet sich zum einen immer dann, wenn es darum geht, komplexe Inhalte vereinfacht darzustellen. Zum anderen lässt sich PowerPoint nutzen, um Lern-

5.2 · Produzieren: Dokumente, Audios, Videos

Sprechtext		Setting	
Notieren Sie in dieser Spalte den Sprechtext. Fügen Sie in eckigen Klammern videospezifische Regieanweisungen (s.u.) an den entsprechenden Stellen im Text ein, an denen Aktionen stattfinden sollen:		Beantworten Sie in dieser Spalte je nach Videoformat die folgenden Fragen:	
Realvideo:	[An welchen Stellen im Sprechtext soll was geschehen?]	Realvideo:	Was ist im Vorder- und Hintergrund zu sehen (z.B. Präsentator, Flipchart)?
Screencast:	[An welchen Stellen im Sprechtext sollen welche Aktivitäten am Bildschirm erfolgen? (Mausbewegungen/ Tastatureingaben)]	Screencast:	Was ist auf dem Bildschirm zu sehen (z.B. Eingabemaske, Website)?
PowerPoint-Video:	[An welchen Stellen im Sprechtext sollen Animationen synchron zum Text per Klick ausgelöst werden? (Zahlen entsprechend der Animationsreihenfolge)]	PowerPoint-Video:	Wie lautet die Nummer der Folie, auf die sich der Sprechtext bezieht?

Abb. 5.4 Erschließen: Drehbuchvorlage zur Videoerstellung

inhalte zu vermitteln, die sich nicht (gut) mit der Videokamera aufzeichnen lassen, wie Theorien, Modelle und Prozesse.

Es hat sich bewährt, vor der Erstellung eines Videos ein Drehbuch zu schreiben. Das in ◘ Abb. 5.4 dargestellte Canvas kann für die Planung aller drei Videovarianten genutzt werden.

Für die Planung und Umsetzung können Sie außerdem die Tipps zu Sprechtext, Sprache/Stimme, Segmentierung, Aufnahmequalität, Transskript und Pragmatismus im vorherigen Abschnitt „Audios" adaptieren.

Im Folgenden erhalten Sie einige Hinweise, die jeweils speziell für die Erstellung der drei Videoformate gelten.

Realvideo – Tipps zur Produktion

Videoausschnitt: Wählen Sie einen geeigneten Videoausschnitt. Es sollte nur das zu sehen sein, was vermittelt werden soll, um Ablenkungen zu vermeiden. Der Hintergrund sollte entsprechend neutral sein bzw. zum vermittelten Thema passen. Vielen fällt es leichter, zu sprechen, ohne sich dabei zeigen zu müssen, da sie sich so voll auf den Input konzentrieren können und nicht gleichzeitig auf ihre Körpersprache achten müssen. Sie müssen selbst im Video nicht zu sehen sein (sofern Sie nicht selbst als Medium fungieren, wie es etwa beim Thema „Rhetorik" der Fall sein kann, wenn Sie anhand Ihrer Körpersprache den Input vermitteln möchten). Denn die Sichtbarkeit des Sprechers während der Präsentation eines Lerninhalts bringt keinen Mehrwert für die Wissensvermittlung (Bildprinzip, Mayer 2009).

Licht: Sorgen Sie für Licht von vorne. Falls natürliches Tageslicht nicht möglich ist, nutzen Sie eine künstliche Lichtquelle. Zwei Softboxen (erhältlich im Baumarkt) sind eine günstige Möglichkeit und verbreiten sanftes Licht. Machen Sie vorab einen Lichtcheck.

Mikrofon: Falls Sie selbst im Video sichtbar sein sollen und das in der Videokamera integrierte Mikrofon nicht die gewünschte Tonqualität bietet, stecken Sie sich ein Lavalier-Mikrofon an.

Stativ: Damit das Video nicht verwackelt, verwenden Sie entweder ein Stativ oder platzieren Sie die Videokamera an einem festen Ort. Falls Sie Ihre Smartphone-Kamera nutzen und sich bei der Aufnahme bewegen müssen, sorgt ein Gimbal dafür, dass das Bild stabil bleibt.

Screencast – Tipps zur Produktion

Screencast-Software: Zur Umsetzung gibt es verschiedene Screencast-Softwares, wie zum Beispiel Camtasia (▶ https://www.techsmith.de/camtasia.html) oder Loom (▶ https://www.loom.com/). Eine einfache Möglichkeit bietet auch das Programm PowerPoint.

Setting: Schließen Sie während der Aufzeichnung alle Programme, die Sie nicht für die Aufzeichnung benötigen, damit nur Relevantes zu sehen und zu hören ist. Wählen Sie gegebenenfalls einen Bildschirmausschnitt, den Sie aufzeichnen möchten.

Blickführung: Führen Sie den Blick der Lernenden durch richtungsweisende Sprache. Sagen Sie zum Beispiel lieber: „Klicken Sie hier am oberen Bildschirmrand rechts auf den blauen Button ‚Einfügen'" anstelle von „Klicken Sie auf den Button ‚Einfügen'". Führen Sie Bewegungen wie Mausklicks und Tastatureingaben langsam am Bildschirm durch, sodass die Lernenden diesen gut folgen können. Umkreisen Sie ein paar Mal die Stellen, um die es gerade am Bildschirm geht, mit dem Mauszeiger, damit die Lernenden wissen, wo sie hinschauen müssen.

Einfachheit: Falls es mehrere Möglichkeiten gibt, einen Schritt am Bildschirm auszuführen (zum Beispiel Shortcuts), entscheiden Sie sich für den einfachsten und erklären Sie nur diesen, um die Lernenden nicht zu verwirren.

PowerPoint-Video – Tipps zur Produktion

Sprechtext: Starten Sie mit der Entwicklung des Sprechtexts. Falls Ihnen bereits eine visuelle Darstellung des zu vermittelnden Lerninhalts vorliegt, können Sie sich daran orientieren. Überlegen Sie sich dazu, wie Sie die visuelle Darstellung Schritt für Schritt erklären bzw. vor den Augen der Lernenden entwickeln könnten.

Folienbilder: Liegt Ihnen noch kein Bild vor, entwickeln Sie dieses anhand des Sprechtexts. Stellen Sie sich dazu die Frage: „Mit welchen Folienbildern kann ich den Inhalt meines Sprechtexts visuell so unterstützen, dass er verständlicher und einprägsamer vermittelt wird?" Zur Visualisierung können Sie die in PowerPoint verfügbare Bibliothek aus Bildern, Piktogrammen, Videos etc. nutzen. Verzichten Sie auf geschriebenen Text, wenn dieser Text später von Ihnen gesprochen wird (Redundanzprinzip, Mayer 2009). Dieses Folienbild wird im Video Schritt für Schritt und synchron zum Sprechtext vor den Augen der Lernenden am Bildschirm entstehen.

Animation: Animieren Sie die Objekte auf der Folie ihrem gewünschten Erscheinungszeitpunkt entsprechend. Verzichten Sie auf aufwendige Animationseffekte. Die einfachste Animation ist „Erscheinen", um die Lernenden nicht unnötig vom Input abzulenken. Kennzeichnen Sie die Stellen innerhalb des Sprechtexts, an denen die Animation synchron zum Sprechtext per Klick ausgelöst werden soll, zum Beispiel durch Zahlen in der Reihenfolge der Animationen.

Aufzeichnung: Starten Sie die Aufzeichnung in PowerPoint und beginnen Sie den Text zu sprechen. Klicken Sie, während Sie präsentieren, um an den dafür vorgesehenen Stellen die Animationen auszulösen. Wichtig ist, dass die visuellen Objekte synchron zum gesprochenen Text, also nicht zeitlich versetzt, erscheinen (zeitliches Kontinuitätsprinzip, Mayer 2009). Tipp: Nutzen Sie zum Klicken eine Fernbedienung, um störende Klickgeräusche im Video zu vermeiden. Wenn Sie fertig sind, wandeln Sie die PowerPoint-Datei zu einer Videodatei um.

Cameo: Eine einfache Möglichkeit, das Video des Sprechers flexibel in die Folien einzubinden, ist das PowerPoint-Plugin Cameo. Diese Variante ist zu Beginn eines Videos eine gute Möglichkeit für den Beziehungsaufbau zwischen Lernbegleiter und Lernenden. Während der Wissensvermittlung kann das eingeblendete Sprechervideo vom Lerninhalt ablenken und ist daher von Nachteil (Mayer 2009).

Eine Alternative zu PowerPoint-Videos können auch Text-to-Video-Generatoren, wie zum Beispiel InVideo (▶ https://invideo.io/), sein. Dieses KI-Tool ermöglicht es, auf Basis eines Prompts ein Video zu erstellen. Das Ergebnis können Sie entsprechend Ihrer Wünsche nachbearbeiten, indem Sie beispielsweise eigene Medien, wie Bilder, Videos und Musik einbinden oder auf eine integrierte Medienbibliothek zugreifen, die lizenzfreie Medien enthält. Voiceovers sind ebenfalls möglich.

5.3 Trainieren: online und in Präsenz

Mit „Trainieren" sind im Konzept der agilen Lernbegleitung alle wissensvermittelnden Tätigkeiten gemeint, die live durch Sie als Fachexperte stattfinden. Dazu gehören die Formate „Präsenztraining", „Onlinetraining" und „Training on the Job". Sie werden in diesem Kapitel näher beleuchtet.

Mit „Trainieren" sind im Konzept der agilen Lernbegleitung alle wissensvermittelnden Tätigkeiten gemeint, die live durch Sie als Fachexperte stattfinden.

- **Online- und Präsenztraining: Unterschiede und Gemeinsamkeiten**

Zu Beginn der Coronapandemie galten Onlinetrainings oftmals als Notlösung für ausgefallene Präsenzveranstaltungen, doch inzwischen sind sie aus der betrieblichen Weiterbildungslandschaft nicht mehr wegzudenken. Diese Verschiebung spiegelt sich auch in der Entwicklung der Fachterminologie wider: Während vor Corona unter „Training" üblicherweise das Präsenzformat verstanden wurde, ist heute zur Vermeidung von Missverständnissen eine präzisere Differenzierung in „Onlinetraining" und „Präsenztraining" gebräuchlich. Beide Formen sind für die Vermittlung von Fakten- und Erfahrungswissen geeignet. Geht es darum, Handlungswissen zu vermitteln, so ist das Präsenztraining besser geeignet, um analoge Kompetenzen zu vermitteln. Onlinetrainings eignen sich dagegen besser, digitale Kompetenzen zu vermitteln (vgl. ▶ Abschn. 6.2).

Eine präzise Differenzierung in „Onlinetraining" und „Präsenztraining" ist heute gebräuchlich.

> ▶ **Beispiel**
>
> Führungskraft Berthold möchte seine Präsentationskompetenzen verbessern. Da sein Team sowohl vor Ort als auch an unterschiedlichen Standorten verteilt ist, wird er Präsentationen sowohl in Präsenz als auch online halten. Er benötigt also digitales und analoges Handlungswissen. Aus diesem Grund übt er mit seiner Lernbegleiterin seine Präsentationen sowohl im Meetingraum als auch via Videokonferenz. Indem er für seine Übungen Orte wählt, deren Bedingungen denen seiner Praxis ähneln, gelingt es ihm leichter, das Gelernte auch dort einzusetzen. ◀

Zwischen Präsenz- und Onlinetrainings gibt es viele Unterschiede, aber auch Gemeinsamkeiten.

In ◘ Tab. 5.4 finden Sie eine Gegenüberstellung beider Formate sowie darauffolgend einige Tipps als Fußnoten.

Neben den vielen Unterschieden zwischen Präsenz- und Onlinetrainings gibt es jedoch auch Gemeinsamkeiten:

◘ **Tab. 5.4** Trainieren: Präsenztraining und Onlinetraining im Vergleich. (Quelle: eigene Darstellung)

	Präsenztraining	Onlinetraining
Ort	Physischer Ort (Seminarraum oder Ort, an dem relevante Trainingsmedien stehen, zum Beispiel Produktion/Labor)	Virtuelles Klassenzimmer, zum Beispiel Zoom (▶ https://zoom.us/)
Kosten	Oft mit Opportunitätskosten für Administration, Raumbuchung, Catering, Reisen und Unterbringung verbunden	Gering
Lernumgebung	Die Vorbereitung liegt in der Regel in den Händen des Lernbegleiters ➔ er kann eine optimale Lernumgebung für die Lernenden sicherstellen.	Die Vorbereitung liegt in den Händen der Lernenden. ➔ Tipp: Lernbegleiter sollte die Lernenden vorab mit Empfehlungen zur Gestaltung einer lernförderlichen Umgebung versorgen.[1]
Technische Voraussetzungen (Teilnehmer)	Keine ➔ keine Störungen	Computer oder anderes Endgerät, Mikrofon/Lautsprecher (bzw. Headset), stabile Internetverbindung ➔ technische Störungen treten häufiger auf ➔ Tipp: Lernbegleiter sollte vorab klären, was bei technischen Störungen zu tun ist.[2]
Technische Voraussetzungen (Lernbegleiter)	Laptop, Beamer ➔ geringer Technikeinsatz bedeutet weniger Störungen und geringere Anforderungen an technische Kompetenzen	Onlinetrainingssoftware (zum Beispiel Zoom), Computer, Mikrofon/Lautsprecher (bzw. Headset), stabile Internetverbindung, Licht ➔ technische Störungen treten häufiger auf/Lernbegleiter benötigt größeres technisches Know-how ➔ Tipp: technisch-didaktisches Upskilling
Körpersprache Lernbegleiter	Uneingeschränkt ➔ klarere Kommunikation möglich/ Lernbegleiter kann eventuelle Defizite (zum Beispiel überladene Folien) durch seine Gesamterscheinung ausgleichen.	Körpersprache begrenzt sich auf Videoausschnitt (Kopf, Schultern) und Stimme/Sprache ➔ beides wird zu den Hauptwirkfaktoren des Lernbegleiters, eventuelle Defizite rücken in den Fokus (zum Beispiel ungünstiges Licht oder Füllwörter)/ Missverständnisse werden wahrscheinlicher ➔ Tipps: Optimierung der Fokuswirkfaktoren[3]/ Praktizieren von Überkommunikation[4]
Körpersprache Lernende	Uneingeschränkt ➔ Kommunikation passiert oft automatisch per Blickkontakt und Gesten/ Unverständnis wird schneller sichtbar (Lernende runzeln etwa die Stirn bei einem Arbeitsauftrag).	Eingeschränkt ➔ Kommunikation ist kein Selbstläufer/ Unverständnis wird weniger sichtbar ➔ Tipps: Einsatz von Steuerungstechniken[5], visualisierten Arbeitsaufträgen sowie Fragen nach Unklarheiten

5.3 · Trainieren: online und in Präsenz

Tab. 5.4 (Fortsetzung)

	Präsenztraining	Onlinetraining
Blickkontakt	Natürlicher Blickkontakt ist möglich ➔ natürliche Kontaktaufnahme/ Kommunikation	Natürlicher Blickkontakt ist nicht möglich; blickt der Lernbegleiter in die Augen der Teilnehmer am Bildschirm, fühlen sie sich nicht angeschaut ➔ Tipp: in Kameralinse schauen, um Blickkontaktgefühl zu erzeugen
Soziale Interaktion	Hoch, persönlicher Kontakt ➔ gut geeignet für Networking/ Teambildung	Eingeschränkt ➔ Tipp: soziale Interaktion einplanen[6]
Aufmerksamkeit	Leichter aufrechtzuerhalten ➔ Präsentationsphasen des Lernbegleiters können länger sein (ca. zehn Minuten)	Schwerer aufrechtzuerhalten ➔ Tipp: Interaktion im Fünf-Minuten-Takt

[1] **Empfehlungen für die Lernenden zur Gestaltung einer lernförderlichen Umgebung:**
Empfehlen Sie den Lernenden, für die Teilnahme am Onlinetraining einen ruhigen Raum aufzusuchen. Auch ein aufgeräumter Schreibtisch und das Schließen sämtlicher nicht benötigter Computerprogramme hilft, die Konzentration aufrechtzuerhalten. Bitten Sie die Lernenden vorab sicherzustellen, dass sie über eine stabile Internetverbindung verfügen, sowie Getränke und Schreibmaterial bereitzustellen.

[2] **Hinweise für die Lernenden im Falle technischer Störungen:**
Weisen Sie die Lernenden vorab darauf hin, dass Störungen vorkommen können, sowohl bei den Lernenden als auch bei Ihnen als Lernbegleiter. Bitten Sie die Lernenden, im Falle einer Störung entspannt zu bleiben. Abhängig von der Störung kann ein Troubleshooting per Chat erfolgen oder es erforderlich sein, sich aus dem Meeting auszuloggen und wieder neu einzuloggen. Gegebenenfalls kann auch ein Neustart des Computers zur Lösung des Problems führen.

[3] **Empfehlungen zur Optimierung der Wirkfaktoren:**
Sorgen Sie für eine gute Beleuchtung von vorne, sodass die Lernenden Sie gut sehen können. Ein neutraler Hintergrund richtet die Aufmerksamkeit auf Sie und beugt Ablenkungen vor. Richten Sie die Webcam so aus, dass Ihr Kopf und Ihre Schultern den Platz des Videoausschnitts gut ausfüllen. Positionieren Sie außerdem die Webcam auf Augenhöhe, zum Beispiel durch einen Stapel Bücher als Laptoperhöhung. Wählen Sie eine typ- und anlassgerechte Oberbekleidung. Achten Sie auf eine gerade Haltung und eine positive Mimik. Nutzen Sie ein professionelles Mikrofon bzw. ein Headset. Im Abschnitt „Audios" (vgl. ▶ Abschn. 5.2) finden Sie weitere Tipps zur Optimierung Ihrer Sprache und Stimme.

[4] **Praktizieren von Überkommunikation:**
„Überkommunikation" bedeutet, Vorgänge oder Zustände auf der Tonspur zu benennen, die für die Lernenden nicht sichtbar sind, zum Beispiel: „Ich öffne das Dokument", „Ich teile nun den Bildschirm mit Ihnen", „Ich kopiere den Link in den Chat". Dies schafft Orientierung und Sicherheit bei den Lernenden und verhindert unangenehme Momente des Schweigens (Sepp et al. 2022).

[5] **Einsatz von Steuerungstechniken:**
Steuerungstechniken werden umso wichtiger, je mehr Lernende sich im virtuellen Klassenraum befinden, denn durch die eingeschränkte Körpersprache passiert die Übergabe des Rederechts nicht „automatisch" per Blickkontakt oder Gesten, wie es in Präsenz oft der Fall ist. Zur Steuerung von Wortbeiträgen ist zum Beispiel das virtuelle Handzeichen hilfreich: Stellen Sie eine Frage und bitten Sie die Lernenden, das Handzeichen zu nutzen, wenn sie antworten möchten. Übergeben Sie den Lernenden in der Reihenfolge der gesetzten Handzeichen das Wort. Möchten Sie alle Lernenden einbeziehen, etwa für eine Vorstellungsrunde, so können Sie die Lernenden entlang ihrer Namen in der Teilnehmerliste oder der auf Ihrem Bildschirm angeordneten Teilnehmervideos aufrufen. Hören Sie aktiv zu. Geben Sie Bestätigungslaute von sich („hmm", „aha"), fragen Sie konkretisierend nach und fassen Sie Wortbeiträge kurz zusammen, bevor Sie das Wort an andere Lernende weitergeben (Sepp et al. 2022).

(Fortsetzung)

> **◘ Tab. 5.4** (Fortsetzung)
>
> **⁶ Soziale Interaktion einplanen:**
> Nimmt mehr als ein Lernender am Onlinetraining teil, so bringen Sie einzelne Lernende miteinander in den Austausch. Aufgaben, die kleine Gruppen in Breakout-Sessions bearbeiten sollen, sind hierfür eine gute Möglichkeit. Weiterhin können Sie Learning Buddy-Teams bilden, die Arbeitsaufträge gemeinsam, zum Beispiel zwischen zwei Onlinetrainingsmodulen, bearbeiten sollen (Böhm et al. 2023).

PowerPoint-Präsentationen sind in Präsenz- und Onlinetrainings gang und gäbe.

Unterscheidung von Präsentationsfolien und Handouts ist von Bedeutung.

Nicht mehr als sieben Informationen auf Präsentationsfolien unterbringen.

PowerPoint-Präsentation: Sowohl im Präsenztraining als auch im Onlinetraining sind PowerPoint-Präsentationen gang und gäbe. Leider ist der „Death by PowerPoint" genauso häufig, weshalb die Folien in Verruf gekommen sind. Besonders fatal ist dies in Onlinetrainings, da hier ungünstig gestaltete Folien noch mehr den Lernprozess stören. Beachten Sie die folgenden Tipps, um Ihre Wissensvermittlung mit PowerPoint möglichst effektiv zu gestalten:

- Unterscheiden Sie zwischen Präsentationsfolien und Handouts. Präsentationsfolien dienen der visuellen Unterstützung Ihrer gesprochenen Worte und enthalten daher nur wenig Text, dafür mehr Bilder. Handouts enthalten dagegen ausführliche Informationen, da sie dem späteren Wiederholen und Nachlesen dienen. Für Präsentationsfolien gilt: Alles, was verbal präsentiert wird, sollte nicht zusätzlich noch auf der Folie stehen, da die Lernenden sonst den Text auf der Folie lesen und gleichzeitig versuchen zuzuhören. Verwirrung ist die Konsequenz, was im schlimmsten Fall dazu führt, dass die Lernenden Ihnen nicht mehr folgen können und gedanklich abschweifen. Beide Foliensätze verfolgen ihren Zweck und sollten den Lerndenden zur Verfügung gestellt werden.
- Reduzieren Sie die Informationen: Hand in Hand mit dem vorigen Tipp lautet die Empfehlung, insgesamt nicht mehr als sieben Informationen auf einer Folie zu präsentieren, um das Arbeitsgedächtnis nicht zu überlasten. Reduzieren Sie idealerweise auch alle Informationen, die keinen Mehrwert zum Input liefern, wie Fußzeile, Datum, Foliennummer etc. Lassen Sie ausreichend freie Flächen und begrenzen Sie auch die Anzahl der Folien auf das notwendige Maß. Gestalten Sie Ihre Folien ansprechend. Nutzen Sie ein einheitliches Layout. Verwenden Sie aussagekräftige, einprägsame Bilder und Schlagworte statt langem Text. Kleiden Sie schwer verständliche Sachverhalte möglichst oft in Metaphern und Vergleiche, um sie auf den Folien zu verbildlichen und leichter verständlich zu machen. Nutzen Sie Animation, um die Elemente einer Folie Schritt für Schritt und synchron zur verbalen Kommentierung vor den Augen der Lernenden zu entwickeln.

5.3 · Trainieren: online und in Präsenz

Interaktion: Um die Aufmerksamkeit der Lernenden aufrechtzuerhalten, bietet es sich in den Trainings an, mit den Lernenden ins Gespräch zu kommen und sie miteinander in den Austausch zu bringen. Sorgen Sie für ein ausgewogenes Verhältnis zwischen Präsentations- und Interaktionsphasen. Gestalten Sie das Hinführen und Vertiefen interaktiv (vgl. Lerndiamant, ◘ Abb. 5.2). Geeignet sind Fragen jeglicher Art, wie offene/geschlossene Fragen, Quizfragen, Schätzfragen, Reflexionsfragen, hypothetische Fragen etc., die Sie im Plenum oder in Partner-/Kleingruppenarbeit beantworten lassen können. Eine beliebte Methode zur Wiederholung sind Zuordnungsaufgaben wie das „Puzzle": Die Lernenden bringen zum Beispiel die Schritte eines Prozesses aus ihrem Gedächtnis in die richtige Reihenfolge oder ordnen Begriffe den korrekten Kategorien zu. In Präsenz können Sie solche Aufgaben mithilfe von Karten oder Post-its erstellen. Online ist dies auf einem virtuellen Whiteboard wie Miro (▶ https://miro.com/de/) per „Drag and Drop" möglich.

Ein ausgewogenes Verhältnis zwischen Präsentations- und Interaktionsphasen ist zu berücksichtigen.

Leitfaden: Für eine professionelle Durchführung und ein gutes Zeitmanagement ist es sowohl für Präsenz- als auch für Onlinetrainings ratsam, einen detaillierten Leitfaden zu erstellen (◘ Abb. 5.5). Bewährt hat sich hier eine Excel-Tabelle. Jede Zeile entspricht einem geplanten Schritt im Training. Neben den Schritten für Hinführung, Wissensvermittlung und Vertiefung denken Sie auch daran, ausreichend Pausen einzuplanen. In einem Präsenztraining sollte dies alle eineinhalb Stunden geschehen, im Onlinetraining bereits nach einer Stunde.

Sowohl für Präsenz- als auch für Onlinetrainings sollte ein detaillierter Leitfaden erstellt werden.

In der Spalte A tragen Sie jeden geplanten Schritt des Trainings in entsprechender Reihenfolge ein. Die Spalte B können Sie nutzen, um zu notieren, wie Sie genau vorgehen möchten. Was Sie für die Umsetzung der einzelnen Schritte benötigen, tragen Sie in Spalte C ein. Dies ist hilfreich, um nichts zu vergessen. Die Spalten D–F dienen dem Zeitmanagement. Tragen Sie in Spalte D der 2. Zeile ein, zu welcher Uhrzeit der Start des Trainings geplant ist. In der Spalte E notieren Sie die ge-

	A	B	C	D	E	F
	Was sind die Schritte?	Wie möchte ich vorgehen?	Was benötige ich für den Schritt?	Wann soll der Schritt starten?	Wie lange soll der Schritt dauern?	Wann soll der Schritt enden?
1						
2				8:00	0:00	8:00
3				8:00	0:00	8:00
4				8:00	0:00	8:00
5				8:00	0:00	8:00
6				8:00	0:00	8:00

◘ **Abb. 5.5** Erschließen: Leitfaden zur Konzeption von Präsenz- und Onlinetrainings

Die Umsetzung von „Training on the Job" erfolgt in vier Schritten: Vorbereitung, Demonstration, Imitation und Üben.

plante Dauer der einzelnen Schritte. Haben Sie eine entsprechende Formel hinterlegt und tragen die Dauer im korrekten Format ein, dann errechnen sich die Start- und Endzeiten automatisch.

- **Training on the Job: vier Schritte zur Umsetzung**

Training on the Job integriert drei wesentliche Schritte der Learning Loops: Erschließen, Tun und Reflektieren. Die Methode findet direkt in der beruflichen Praxis der Lernenden statt. Sie ist besonders für das Erlernen praktischer Fertigkeiten, wie das Bedienen einer Maschine oder den Umgang mit spezifischer Software, geeignet. Die Umsetzung erfolgt in vier Schritten:

1. **Vorbereitung:** Im ersten Schritt bereiten Sie gemeinsam mit den Lernenden alles vor, was nötig ist, um die Handlung im nächsten Schritt auszuführen.
2. **Demonstration:** Nun demonstrieren Sie die jeweilige Handlung und gehen dabei auf die zugrunde liegenden Abläufe und Prinzipien ein. Erklären Sie, warum Sie etwas tun, und nutzen Sie gegebenenfalls unterstützende Visualisierungen, um komplexere Inhalte verständlich und merkfähig zu gestalten. Lassen Sie nach der Demonstration Raum für Fragen und beseitigen Sie eventuelle Unklarheiten.
3. **Imitation:** Fordern Sie die Lernenden dazu auf, die gezeigte Tätigkeit eigenständig auszuführen. Durch das Verbalisieren jedes Schritts während der Ausführung wird das Verständnis vertieft und die Handlung bewusster gemacht. So erhalten Sie Informationen darüber, ob die Lernenden die Handlung verstanden haben oder ob noch Klärungsbedarf besteht. Im Anschluss erfolgt eine Selbstreflexion durch die Lernenden, ergänzt um ein konstruktives Feedback Ihrerseits, um Stärken zu fördern und Potenziale für Verbesserungen aufzuzeigen.
4. **Üben:** Der abschließende Schritt fokussiert auf die Verfestigung der neu erlernten Fähigkeit. Zu Beginn sollte die Unterstützung noch intensiv sein, um dann schrittweise reduziert zu werden, entsprechend der Scaffolding-Methode (vgl. ▶ Abschn. 2.2). Dies fördert die Selbstständigkeit der Lernenden und sichert die Kompetenzentwicklung.

Durch diese strukturierte Herangehensweise wird das Training on the Job zu einer effizienten und nachhaltigen Lernmethode, die nicht nur Wissen vermittelt, sondern auch direkt zur Anwendung bringt und so den Transfer von der Theorie in die Praxis nahtlos gestaltet (Kauffeld 2016).

5.4 Brokern: Experten vermitteln

Verfügen Sie selbst nicht über die Fachexpertise, die erforderlich ist, um den benötigten Lerninhalt zu vermitteln, dann gibt es möglicherweise an anderen Stellen Fachexperten. In diesem Fall können Sie die Lernenden als Broker unterstützen (Graf et al. 2022). Im Folgenden zeigen wir Ihnen drei Schritte zur Umsetzung:

■ **1. Expertise abbilden**

Um den Lernbedarf gezielt zu adressieren, ist es zunächst wichtig, einen Überblick über die vorhandenen Kompetenzen zu gewinnen. Dafür eignen sich Kompetenzanalysen, wie sie in vielen Unternehmen bereits praktiziert werden. Um beispielsweise in Teams schnell einen Überblick über vorhandene Kompetenzen zu gewinnen, eignet sich das Konzept der „T-shaped skills" (Harris 2009). Es ist ein wirksames und einfach einsetzbares Werkzeug, um sowohl die fachliche Tiefe als auch die interdisziplinäre Breite der Teammitglieder zu visualisieren. Regen Sie die Teammitglieder an, ein individuelles T-Profil zu erstellen, das sowohl berufliche als auch darüber hinausgehende Fähigkeiten abbildet. Dies kann neben dem Finden eines Fachexperten auch aufschlussreich sein, um Kompetenzlücken im Team zu identifizieren.

Der senkrechte Balken des Buchstabens T steht für die Tiefe von Fähigkeiten und Fachkenntnissen einer Person. Der waagerechte Balken bildet die Breite der Fähigkeiten einer Person ab (◘ Abb. 5.6). Zusätzlichen Aufschluss über vorhandene Kompetenzen und Präferenzen im Team kann auch die Methode „Passion Topic" geben: Teammitglieder notieren eine oder mehrere Fragen, die sie selbst gerne einmal gestellt bekommen hätten und beantworten wollten. Diese Methode

> Das Konzept der „T-shaped skills" hilft dabei, einen Überblick über vorhandene Kompetenzen im Team zu gewinnen.

Breites Wissen

Tiefes Wissen

◘ **Abb. 5.6** Erschließen: „T-shaped skills"

ermöglicht es, verborgene Wissens- und Interessensgebiete transparent zu machen, und unterstützt Sie dabei, Wissensquellen zu bestimmten Themen zu aktivieren.

▪ 2. Experten finden

Um einen Fachexperten zu finden bietet sich auch die externe Suche an.

Sollten sich innerhalb des Teams anhand der Kompetenzprofile keine adäquaten Experten finden lassen, erweitern Sie Ihren Suchradius. Interne Weiterbildungsnetzwerke oder Human Resources/Personalentwicklung können als Sparringspartner dienen, um den passenden Fachexperten aufzuspüren. Die externe Suche kann auch erforderlich sein, um spezielle Lerninhalte abzudecken. Sind Sie fündig geworden, können Sie bei den weiteren Schritten unterstützen: Bietet der Fachexperte eine Weiterbildung an, können Sie bei der Beauftragung helfen und den Lernprozess zusätzlich begleiten (vgl. ▶ Kap. 9). Bietet er keine Weiterbildung an und mangelt es ihm an didaktischem Know-how, können Sie diesen Part in der Zusammenarbeit übernehmen.

▪ 3. Expertise vermitteln

Eine effiziente Methode, um Expertenwissen didaktisch aufzubereiten, sind Experteninterviews.

Eine effiziente Methode, mit der Sie das Expertenwissen gemeinsam mit dem Experten didaktisch aufbereiten können, sind Experteninterviews. Folgende Schritte zur Vorbereitung und Durchführung haben sich bewährt:

Vorbereitung
1. *Fragen sammeln:* Sammeln Sie relevante Fragen der Lernenden zum Lerninhalt. Vervollständigen Sie den Fragenkatalog gegebenenfalls durch weitere, konkretisierende Fragen.
2. *Didaktische Reduktion:* Reduzieren Sie die Inhalte didaktisch mit dem Fachexperten anhand der gesammelten Fragen auf das Wesentliche. Bitten Sie ihn, die Perspektive der Lernenden einzunehmen und sich deren Praxis vorzustellen.
3. *Lerninhalte sortieren:* Strukturieren Sie die Informationen gemeinsam mit dem Fachexperten, um eine logische Vermittlung der Inhalte zu gewährleisten. Was müssen die Lernenden zunächst wissen, um darauf aufbauend weitere Inhalte zu verstehen?
4. *Interviewtermin koordinieren:* Organisieren Sie einen Interviewtermin, an dem Sie, der Fachexperte und die Lernenden teilnehmen können. Der Termin kann live online oder in Präsenz stattfinden.

Durchführung
1. *Einstieg:* Erläutern Sie Thema und Ziel der Veranstaltung und führen Sie den Fachexperten ein.

2. *Fragenmanagement:* Bitten Sie die Lernenden, ihre Fragen während des Interviews schriftlich festzuhalten. Führen Sie das Interview online durch, bietet sich der Chat als Ort für die Fragen an. Findet es in Präsenz statt, können die Lernenden ihre Fragen auf Post-its/Karten oder auf dem Smartphone per Mentimeter (▶ https://www.mentimeter.com/) notieren.
3. *Interviewführung:* Moderieren Sie das Gespräch mit den vorbereiteten Fragen und stellen Sie sicher, dass der Input verstanden wird. Achten Sie darauf, dass der Fachexperte beim Thema bleibt und steuern Sie gegebenenfalls durch Zusammenfassung und Fragen wieder zum Thema hin.
4. *Q&A-Session:* Leiten Sie die Fragerunde, in der die Lernenden direkt Antworten erhalten. Wird die Session aufgezeichnet, liefert dies brauchbares Material zur Weiterverarbeitung für ein asynchrones Lernformat.

> ▶ **Beispiel**
>
> Lernbegleiterin Erika erhält den Auftrag, einen Kollegen zum Thema „Datenschutz" zu begleiten. Sie selbst verfügt zu diesem Thema über keine Fachexpertise. Über ihre Dokumentation der „T-shaped skills" wird sie jedoch innerhalb des Teams fündig und kann einen datenschutzversierten Kollegen mittels eines Experteninterviews in den Lernprozess einbinden. ◀

5.5 Coachen: selbstgesteuertes Lernen unterstützen

Angenommen, zum erforderlichen Lernthema sind keine Fachexperten verfügbar, um einen effizienten Wissenstransfer zu ermöglichen, dann können Sie die Lernenden beim „Lernen auf eigene Faust" unterstützen. In diesem Fall beschaffen sich die Lernenden den Lerninhalt selbst und setzen sich damit auseinander.

> ▶ **Beispiel**
>
> Mitarbeiter Bernd hat die Aufgabe, die Möglichkeiten von ChatGPT für die interne Marketingabteilung auszuloten. Seine Lernbegleiterin hat zwar rudimentäre Kenntnisse zu ChatGPT, jedoch nicht speziell für den Bereich „Marketing". Im Internet existiert eine Vielzahl an unterschiedlichsten Beiträgen, aber ein passender Experte, der auch die Besonderheiten der internen Marketingabteilung berücksichtigt, konnte nicht identifiziert werden. Daher geht Bernd sein Lernvorhaben selbstgesteuert an.

Seine Lernbegleiterin unterstützt ihn hierbei in der Rolle als Coach. ◄

Selbstgesteuertes Lernen beginnt mit der Recherche.

Sie können diesen Prozess anleiten und die Lernenden beraten. Folgender Ablauf selbstgesteuerten Lernens hat sich bewährt (Hasselhorn und Gold 2022):

- **1. Selbstgesteuertes Lernen I: Recherche**
1. *Vorwissen aktivieren:* Die Lernenden sollten zunächst reflektieren, was sie bereits zum Thema wissen, um ihr Vorwissen zu aktivieren und das neue Wissen leichter aufnehmen zu können.
2. Interesse wecken: Nun geht es um die Frage, was die Lernenden noch nicht wissen. Welche Fragen gehen ihnen zum Lernthema durch den Kopf? Mit konkreten Fragen, die sie durch die Inhalte leiten, kann das neue Wissen besser aufgenommen werden.
3. Geeignete Quellen für den Lerninhalt finden: Dann brainstormen die Lernenden mithilfe von Quellen, die qualitativ hochwertige Inhalte versprechen. Dies können das Intranet, Bücher, Zeitschriften, Blogs, Hörbücher, Podcastkanäle, Videokanäle etc. sein. Bei diesem Schritt kann es auch hilfreich sein, das eigene Netzwerk nach guten Quellen zu befragen. Interne Netzwerke oder auch berufliche Netzwerke in Social Media sind oft eine gute Möglichkeit, über den eigenen Tellerrand zu schauen. Je nachdem, wie viele Quellen zusammenkommen, wählen die Lernenden ihre Top-fünf-Quellen, um sich nicht zu verzetteln. Auswahlkriterium sollte vor allem die Qualität des Inputs sein. Dieser Schritt kann durch ChatGPT mithilfe von Plugins wie Consensus Search (► https://consensus.app/search/) oder ScholarAI (► https://scholarai.io/) und einem passenden Prompt unterstützt werden.
4. Geeignete Inhalte recherchieren: Sobald die Quellenliste fertig ist, recherchieren die Lernenden in den Quellen und dokumentieren zunächst nur die Stellen, an denen sie zu ihrem Lerninhalt fündig werden, ohne sich sofort in das Thema zu vertiefen. Das können der Titel eines Buchkapitels, der Artikel in einer Zeitschrift, eine bestimmte Podcastfolge etc. sein. Mit diesem Schritt ist die Vorbereitung abgeschlossen. Wichtig ist auch hier, sich nicht zu verzetteln und zwischen relevantem und irrelevantem Input zu unterscheiden. Als Auswahlkriterium dienen die zu Beginn formulierten Lernziele (vgl. ► Abschn. 4.2). Alles, was nicht dazu dient, das Lernziel zu erreichen, sollte ignoriert werden, um effizient voranzukommen.

2. Selbstgesteuertes Lernen II: Bearbeitung

Das Lern-Kanban (◘ Abb. 5.7) hilft, den Lernprozess zu steuern und den Überblick über die bereits erledigten und noch anstehenden Aufgaben zu behalten. Die Lernenden notieren die recherchierten Titel der Kapitel, Artikel, Podcasts etc. jeweils auf analogen oder digitalen Post-its, je nachdem, ob sie das Lern-Kanban analog, zum Beispiel auf einer Wand, oder digital, zum Beispiel auf einem virtuellen Whiteboard wie Miro (▶ https://miro.com/de/), umsetzen möchten. Die Post-its werden zunächst in der ersten Spalte des Lern-Kanbans in der Reihenfolge der geplanten Bearbeitung gesammelt und wandern dann nach Erledigung der im Folgenden beschriebenen Schritte jeweils von links nach rechts durch die in den Lern-Kanban-Spalten visualisierten Phasen. Wer Post-its und Lerninhalte vereint an einem Ort nutzen möchte, kann die verschiedenen Spalten in Form von Abschnitten auf einem Padlet (▶ https://padlet.com/) ablegen.

1. *Inhalte rezipiert:* Nun beginnt die eigentliche Arbeit, die Auseinandersetzung mit den Inhalten an sich. Text muss gelesen, Audios müssen gehört und Lernvideos angeschaut werden. Ein hilfreiches KI-Tool, mit dem die Arbeit erleichtert werden kann, ist AskYourPDF (▶ https://askyourpdf.com/de). Mit dieser Software können PDF-Dateien und andere Dateiformate hochgeladen werden. Innerhalb eines Chats können Lernende Fragen zum Input der Datei stellen und erhalten Antworten in Textform. So können zum Beispiel die Fragen aus Schritt zwei der Recherche (Interesse wecken) genutzt werden.

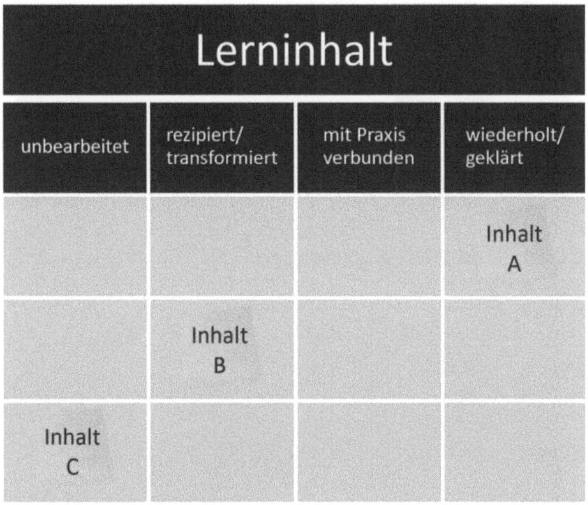

> Das Lern-Kanban hilft, den Lernprozess zu steuern und den Überblick zu behalten.

Lerninhalt

unbearbeitet	rezipiert/ transformiert	mit Praxis verbunden	wiederholt/ geklärt
			Inhalt A
	Inhalt B		
Inhalt C			

◘ **Abb. 5.7** Erschließen: Lern-Kanban

2. *Inhalte transformiert:* Damit das rezipierte Wissen im Anschluss erinnert wird, bringen die Lernenden es in eine eigene Struktur. Passende Strukturen können je nach Inhalt Schaubilder, Mindmaps, Frage-Antwort-Listen, Glossare mit wichtigen Fachausdrücken etc. sein. Die ersten beiden Schritte werden in der Regel zusammenhängend erledigt. Daher gibt es hierfür nur eine Spalte in der Lern-Kanban-Vorlage.
3. *Inhalte mit Praxis verbunden:* Jetzt wird der Bogen zur eigenen Praxis gespannt. Die Lernenden reflektieren, an welchen Stellen und wie konkret sie das Gelernte in ihrer Praxis nutzbringend einsetzen können.
4. *Inhalte wiederholt/geklärt:* Im letzten Schritt sollten die Inhalte wiederholt werden, um sie aktiv im Langzeitgedächtnis zu verankern. Hierzu schauen sich die Lernenden nochmals ihre Dokumentationen an, die sie in Schritt zwei und drei zum jeweiligen Lernstoff erstellt haben. Sie identifizieren mögliche Unklarheiten und versuchen, diese zu klären. In diesem Zuge beantworten sie auch die in der Vorbereitung gesammelten Fragen. Zusätzlich ist es hilfreich, das Gelernte weiter zu verdichten, indem die Lernenden die für sie wichtigsten Erkenntnisse notieren. Zum Zweck der Verdichtung können sie ihre wichtigsten Erkenntnisse auch an interessierte Kollegen weitergeben.

◘ Abb. 5.8 fasst die dargelegten Inhalte noch einmal zusammen.

◘ Abb. 5.8 Erschließen – Zusammenfassung

Literatur

Böhm, K., Sammet, J. & Schmid, J. (2023). The Social Accumulator as a Concept to Manage Social Energy in the Age of Digital Transformation: An Explanation Model for Digital Interaction among Human Actors. International Journal On Advances in Systems and Measurements, 2023(3&4), 1–12.

Dückert, S. (o. D.). lernOS Content Curation Leitfaden. Abgerufen am 31. März 2023, von https://cogneon.github.io/lernos-content-curation/de

Graf, N., Gramß, D. & Edelkraut, F. (2022). Agiles lernen: Neue Rollen, Kompetenzen und Methoden im Unternehmenskontext. Haufe-Lexware.

Harris, P. (2009). Help Wanted: "T-Shaped" Skills to Meet 21st Century Needs. T + D, 63(9), 42–47

Hasselhorn, M. & Gold, A. (2022). Pädagogische Psychologie: Erfolgreiches Lernen und Lehren. Kohlhammer Verlag.

Jarche, H. (2014). The Seek > Sense > Share Framework. Abgerufen am 26. September 2023, von https://jarche.com/2014/02/the-seek-sense-share-framework/

Kauffeld, S. (2016). Nachhaltige Personalentwicklung und Weiterbildung: Betriebliche Seminare und Trainings entwickeln, Erfolge messen, Transfer sichern. Springer.

Lipowsky, F. (2020). Unterricht. In E. Wild & J. Möller (Hrsg.), Pädagogische Psychologie (S. 69–118). Springer. https://doi.org/10.1007/978-3-662-61403-7_4

Mayer, R. E. (2009). Multimedia Learning. Cambridge University Press.

Sepp, Stoo & Wong, Mona & Hoogerheide, Vincent & Castro-Alonso, Juan. (2022). Shifting online: 12 tips for online teaching derived from contemporary educational psychology research. Journal of Computer Assisted Learning. 38. https://doi.org/10.1111/jcal.12715.

T – Tun

Inhaltsverzeichnis

6.1 Vorbereitung – 75

6.2 Durchführung – 77

6.3 Nachbereitung – 79

Literatur – 80

© Der/die Autor(en), exklusiv lizenziert an Springer-Verlag GmbH, DE, ein Teil von Springer Nature 2024
J. Sammet, J. Sammet, *Good Learning - Guide zur agilen Lernbegleitung in Unternehmen*,
https://doi.org/10.1007/978-3-662-68512-9_6

Stellen Sie sich vor …

… Ihnen steht eine wichtige Operation bevor. Im Vorgespräch teilt Ihnen der Chirurg mit, dass er diese OP zwar bisher noch nie durchgeführt, sich aber schon viele Vorlesungen dazu angehört hat. Sicherlich würde Ihnen diese Aussage nicht die nötige Zuversicht, was seine Kompetenzen betrifft, vermitteln.

Dieses Beispiel zeigt eindrücklich, wie wichtig Übung für die Entwicklung einer Kompetenz ist. Paradoxerweise zeigt die vorherrschende Weiterbildungspraxis jedoch ein gegenteiliges Vorgehen: Viel Input und wenig bis keine Anwendung sollen ausreichen, damit Teilnehmende eine neue Kompetenz erwerben.

> Damit theoretisches Wissen zu Handlungswissen wird, braucht es Anwendungsmöglichkeiten.

Damit das theoretische Wissen zu Handlungswissen werden kann, braucht es Anwendungsmöglichkeiten. Nur so wird der Lernprozess wirksam und es können sich Kompetenzen entwickeln. Für eine lernförderliche Anwendung braucht es Vorbereitung, eine Durchführung und Nachbereitung, bei denen Sie die Lernenden unterstützen können (◘ Abb. 6.1).

Tun

Vorher:
- Zeitnah
- Praxisnahes Übungsfeld
- Päd. Schonraum
- Passende Flughöhe
- Hilfsmittel
- Kontrollpunkte

Nachher:
- Dokumentieren
- Dokumentationsmedien

Während:
- Begleitende Zurückhaltung
- Gezieltes Üben
- Verbales Kommentieren
- Overlearning

◘ Abb. 6.1 Tun – Zusammenfassung

6.1 Vorbereitung

Zeitnahe Anwendung in der Praxis: „Lernen und Anwenden" statt „Lernen auf Vorrat" lautet das Credo. Je länger der Zeitraum ist, in dem Gelerntes nicht angewendet wird, umso mehr schwindet die Fähigkeit (Donovan und Radosevich 1999). Idealerweise wartet in der Praxis bereits ein Problem darauf, durch Einsatz der neuen Kompetenzen gelöst zu werden. Echte Praxisaufgaben haben auch den Vorteil, dass das Üben nicht zusätzlich zur eigentlichen Arbeit Zeit in Anspruch nimmt, sondern mit der Anwendung gleich ein Teil der Arbeit erledigt wird.

> Eine zeitnahe Anwendung des Gelernten in der Praxis festigt die neuen Kompetenzen.

> ▶ **Beispiel**
>
> Mitarbeiterin Jennifer hält in drei Wochen einen Vortrag auf einer Messe. Sie erschließt sich zunächst, wie sie Präsentationen professionell erstellt und umsetzt. Anhand ihres Messevortrags kann sie die Schritte und Tipps direkt üben und ist dadurch perfekt für ihren Auftritt vorbereitet. Lernen und Arbeiten vereinen sich. Lernen ist nicht mehr eine Extraaufgabe on top, sondern unterstützt die Erledigung von Aufgaben, die in der Praxis ohnehin anfallen. ◀

Auch wenn die Praxis nicht gleich als erster Anwendungsort für das neu Erschlossene geeignet sein sollte, empfiehlt es sich trotzdem, eine Anwendung in der Praxis zeitlich innerhalb des Lernprozesses einzuplanen, denn der anstehende „Ernstfall" hat erfahrungsgemäß positive Effekte auf die Lernmotivation der Lernenden. Zudem bietet die Anwendung in der Praxis wertvolle Erfahrungen, die durch Feedback und Reflexion innerhalb des Lernprozesses genutzt werden sollten.

Praxisnahes Übungsfeld: Manchmal findet sich nicht unmittelbar in der Praxis ein geeigneter Anwendungsfall. Hier empfiehlt es sich, ein Übungsprojekt einzuschieben, das den Zeitraum bis zur tatsächlichen Anwendung überbrückt. Sie können die Lernenden bei der Konstruktion eines möglichst praxisnahen Falls unterstützen. Wichtig dabei ist, dass die Rahmenbedingungen des Übungsfelds denen der Praxis entsprechen bzw. möglichst ähneln, denn umso eher können die Lernenden ihre in der Übung gemachten Erfahrungen auf die Praxis übertragen (Gegenfurtner 2011).

> Ein praxisnahes Übungsfeld hilft den Lernenden, ihre in der Übung gemachten Erfahrungen auf die Praxis zu übertragen.

> **▶ Beispiel**
>
> Mitarbeiter Ulf möchte seine Onlineberatungskompetenz verbessern. Für ihn wäre es nicht optimal, wenn er im Präsenzsetting üben würde, da dort völlig andere Bedingungen herrschen als in einer Videokonferenz. So überträgt die Webcam nur einen Teil seiner Körpersprache und das Gefühl eines Blickkontakts mit seinen Gesprächspartnern erzeugt er nur, indem er in die Webcamlinse schaut. Diese Situation lässt sich realitätsnah nur in einem virtuellen Setting üben. Umgekehrt wäre der virtuelle Raum nicht geeignet, wenn Ulf Kompetenzen üben möchte, die im analogen Raum stattfinden, wie zum Beispiel Bühnenpräsenz. ◀

> Der pädagogische Schonraum erlaubt es, Fehler ohne Konsequenzen zu machen und daraus zu lernen.

Pädagogischer Schonraum: Abhängig von der Kompetenz, die entwickelt werden soll, kann zunächst ein Üben im „pädagogischen Schonraum" vor dem Einsatz im „kalten Wasser" in der Praxis geeignet sein. Das ist etwa dann der Fall, wenn das Üben in der Praxis bzw. damit verbundene potenzielle Fehler zu riskant wären. Der pädagogische Schonraum hat auch den Vorteil, dass sich dort das wirksame Error Management Training (EMT) anwenden lässt (Keith und Frese 2008). Im EMT werden die Lernenden ausdrücklich dazu angehalten, Fehler zu machen, um aus ihnen zu lernen. Dadurch sinkt zwar die unmittelbare Übungsleistung, jedoch wird die Leistung in der Praxis gesteigert. Ermöglichen und begrüßen Sie also das Fehlermachen in Übungen. Da das Fehlermachen üblicherweise jedoch wenig Freude bereitet, auch nicht im Trainingskontext, kann es hilfreich sein, den wissenschaftlichen Zusammenhang zwischen „Fehlern im Training" und „Fehlerfreiheit in der Praxis" vorab den Lernenden zu erklären und jeden gemachten Fehler wertzuschätzen. EMT eignet sich, wenn es um das Erwerben von Kompetenzen geht, die auf verschiedene Situationen angepasst werden müssen. Weniger geeignet ist EMT für die Vermittlung von Kompetenzen, die eins zu eins übertragen werden sollen, wie zum Beispiel beim Bedienen einer Maschine.

> **▶ Beispiel**
>
> Tanja wechselt in den Vertrieb und möchte sich entsprechend weiterentwickeln. Sie erschließt sich zunächst verschiedene Verkaufstechniken. Gemeinsam mit ihrem Lernbegleiter wählt sie zunächst den pädagogischen Schonraum, um dort die Verkaufstechniken zu üben. Hier kann sie risikofrei Fehler machen und aus ihnen lernen. Das erstmalige Ausprobieren der neuen Techniken in einem realen Kundengespräch wäre mit einem zu großen Umsatzrisiko verbunden. ◀

Passende Flughöhe: Auch wenn Fehler innerhalb von Lernprozessen den Anwendungserfolg erhöhen können, sollten Sie dennoch auf eine geeignete Flughöhe der Anwendungsaufgabe achten. Die Aufgabe sollte die Lernenden nicht überfordern, sondern Erfolgserlebnisse ermöglichen, denn nur dann erleben sie sich als selbstwirksam, was dazu motiviert, das Gelernte weiterhin in der Praxis anzuwenden (Ryan und Deci 2020). Auch eine Unterforderung sollte vermieden werden, um die Lernenden nicht zu langweilen.

Hilfsmittel bereitstellen: Stellen Sie den Lernenden Hilfsmittel für die Anwendung zur Verfügung. Dies können Checklisten oder Canvas (vgl. ▶ Abschn. 5.2) sein, die Lernenden dabei unterstützen, die Anwendung gut vorzubereiten und in der Durchführung nichts Wesentliches zu vergessen.

Kontrollpunkte festlegen: Besprechen Sie auch mit den Lernenden, ob Sie Kontrollpunkte vereinbaren möchten. „Es macht Sinn, einen Kontrollpunkt zu setzen nach einem Arbeitsschritt, von dessen Richtigkeit der gesamte weitere Erfolg abhängt. Ebenso macht es Sinn, einen Kontrollpunkt vor einem gefährlichen oder riskanten Arbeitsschritt oder vor einem Arbeitsschritt zu setzen, bei dem zusätzliches Üben erforderlich ist. Wenn sich ein Lernender unsicher fühlt, kann die Anzahl der Kontrollpunkte jederzeit individuell angepasst werden. Die Anzahl der Kontrollpunkte sollte mit zunehmendem Lernfortschritt abnehmen. Das bedeutet, dass der Lernende immer selbständiger arbeiten soll" (Kleestorfer-Kießling et al. 2021, S. 82).

Anwendungsaufgaben sollten die Lernenden weder über- noch unterfordern.

Den Lernenden sollten Hilfsmittel bereitgestellt und es sollten gegebenenfalls Kontrollpunkte vereinbart werden.

> **▶ Beispiel**
>
> Marketingmitarbeiter Berthold befindet sich in einem Upskilling-Prozess zum Thema „E-Mail-Marketing". Seine Anwendungsaufgabe besteht darin, eine Werbe-E-Mail an potenzielle Kunden zu verfassen. Mit seiner Lernbegleiterin hat er vor dem Versenden den Kontrollpunkt „E-Mail-Freigabe" vereinbart, um eine einwandfreie Versendung der E-Mail sicherzustellen. ◀

6.2 Durchführung

Begleitende Zurückhaltung: Nachdem die Entwicklung der Aufgabe abgeschlossen ist, steht eine der anspruchsvollsten Phasen bevor: Sie müssen sich zurücknehmen, damit die Lernenden eigene Erfahrungen machen können. Das heißt jedoch nicht, dass Sie sie völlig auf sich allein gestellt lassen. Vielmehr geht es darum, eine „aktive Passivität" walten zu lassen, was

Bei der Durchführung der Aufgabe ist gegenüber dem Lernenden begleitende Zurückhaltung zu üben.

durchaus herausfordernd sein kann (Bauer et al. 2016). Vor allem, wenn Sie selbst Experte auf dem Lerngebiet der Lernenden sind, kann es sein, dass Sie den Impuls verspüren, ungefragt helfend eingreifen zu wollen. Die Lernenden bleiben jedoch weiterhin selbstverantwortlich und kommen gegebenenfalls auf Sie zu, wenn sie Ihre Unterstützung in Form einer Begleitung wünschen. Es ist außerdem die Entscheidung der Lernenden, in welcher Form sie Ihre Unterstützung wählen. Begleitende Zurückhaltung ähnelt damit dem Begleitungsformat „Shadowing" (Roelofs 2019).

> *Die Lernenden sollen gezielt üben.*

Gezieltes Üben: Lassen Sie die Lernenden gezielt üben. Im Gegensatz zum „naiven Üben", bei dem es vornehmlich um die reine Wiederholung von Handlungsabläufen geht, zeichnet sich gezieltes Üben durch das Setzen konkreter Übungsziele aus. Fragen Sie die Lernenden vor einer Übung, worauf sie in der Übung konkret fokussieren möchten und worauf gegebenenfalls in einer späteren Übung. Aus diesem Grund empfiehlt es sich, sequenziell vorzugehen: Die Lernenden probieren nicht das große Ganze innerhalb einer einzigen Übung aus, sondern gehen besser kleinschrittig mit mehreren Übungen vor. So kann der Fokus auf konkrete Ziele gewahrt werden (Ericsson et al. 1993).

> *Die Lernenden sollen das, was sie tun, verbal kommentieren.*

Verbales Kommentieren: Sofern die Anwendungsaufgabe dafür geeignet ist, halten Sie die Lernenden dazu an, die Durchführung verbal zu kommentieren, indem sie benennen, was und warum sie etwas tun. Dies hilft zum einen den Lernenden, sich ihr Vorgehen bewusst zu machen, es weiter zu festigen und gegebenenfalls Unklarheiten aufzudecken. Zum anderen erhalten Sie wertvolle Informationen zum Verständnis der Lernenden. Hören Sie aufmerksam zu, fragen Sie nach und intervenieren Sie, wenn Sie einen Fehler identifizieren. Sind mehrere Lernende anwesend, können Sie hieraus eine Teamaufgabe machen und die Gruppe mögliche Fehler entdecken lassen (Lipowsky 2020).

> ▶ **Beispiel**
>
> Buchhalterin Erika führt eine Anwendungsaufgabe in der neuen Buchhaltungssoftware aus. Sie begleitet die Schritte, die sie am Bildschirm durchführt, verbal: „Als Erstes lege ich den neuen Kunden an, damit ich seine Rechnungsadresse in die Rechnung übernehmen kann. Dazu klicke ich auf ‚Neu' und fülle die Maske vollständig aus. Danach bestätige ich mit ‚ok'. Nun …" Ihr Lernbegleiter verfolgt die Schritte am Bildschirm und hört aufmerksam zu, um sicherzustellen, dass Erika alle Schritte verstanden hat. ◀

Overlearning: Bekommen die Lernenden innerhalb des Lernprozesses Gelegenheit, nicht nur bis zu dem Zeitpunkt zu üben, an dem sie das gewünschte Verhalten erstmalig ausführen, sondern üben sie über diesen Zeitpunkt hinaus weiter, steigt die Wahrscheinlichkeit, dass sie das Gelernte in ihrer Praxis einsetzen. Damit bei diesem Prinzip, das „Overlearning" genannt wird, keine Langeweile aufkommt, sollten die Übungen möglichst abwechslungsreich gestaltet werden (Driskell et al. 1992).

Beim „Overlearning" steigt die Wahrscheinlichkeit, dass das Gelernte in der Praxis eingesetzt wird.

> ▶ Beispiel
>
> Bernds Lernbegleiterin unterstützt ihn dabei, seine kommunikativen Kompetenzen weiterzuentwickeln, um Diskussionen besser steuern zu können. Um Abwechslung in die Übungen zu bringen, bittet sie ihn, den Widerstand seiner Gesprächspartner selbst zu wählen, indem er eine Karte mit einem Pfeil entweder nach oben (mehr Widerstand gewünscht) oder nach unten (weniger Widerstand gewünscht) hochhält. Daran können sich seine Übungspartner orientieren und ihre Wortbeiträge entsprechend anpassen. ◄

6.3 Nachbereitung

Anwendung dokumentieren: Nach dem Schritt „Tun" folgt der Schritt „Reflektieren" (vgl. ▶ Kap. 7). Die Dokumentation des Tuns dient der Vorbereitung dieses folgenden Schrittes und bietet drei Vorteile:
1. Sie ermöglicht Personen, die während des Tuns nicht dabei sein können, asynchron Feedback zu geben.
2. Sie unterstützt die Selbstreflexion der Lernenden im Nachgang.
3. Sie macht Fortschritte sichtbar, wenn mehrere Dokumentationen von Anwendungen zu unterschiedlichen Zeitpunkten miteinander verglichen werden.

Die Dokumentation des Tuns ist die Vorbereitung des folgenden Schritts, des Reflektierens.

Passendes Dokumentationsmedium wählen: Je nachdem, um welche Form der Handlung es geht, eignen sich unterschiedliche Medien als Dokumentationsmittel. ◘ Tab. 6.1 zeigt einige Einsatzbeispiele und dazu passende Dokumentationsmedien.

Planen Sie Dokumentationen in Form von Video und Audio, sollten Sie vorab eine schriftliche Einwilligung aller aufgezeichneten Personen einholen.

Tab. 6.1 Tun: Anwendung dokumentieren – Einsatzbeispiele und passende Dokumentationsmedien. (Quelle: eigene Darstellung)

Einsatzbeispiele	Dokumentationsmedium
Bedienung einer Maschine, Softskills (zum Beispiel Rhetorik, Gesprächsführung)	Videoaufzeichnung, zum Beispiel per Smartphone-Kamera
Softskills im virtuellen Raum, zum Beispiel Onlinepräsentation, Onlinecoaching, Onlinevertrieb	Videokonferenzaufzeichnung
Sprachen lernen, Stimmtraining	Audioaufnahme, Transkript
Konzeptuelle Kompetenzen, Schreibtraining	Textdokumente
Bedienung einer Software	Screencast

Leitfragen zur Planung und Umsetzung des Schritts „Tun":

- Welche Tätigkeit(en) eignen sich zur Anwendung des Gelernten?
- Soll die Aufgabe in der Praxis oder im pädagogischen Schonraum stattfinden?
- Wie wird eine herausfordernde, aber nicht überfordernde Flughöhe sichergestellt?
- Wann soll die Umsetzung der Aufgabe erfolgen (möglichst zeitnah nach dem Erschließen)?
- Was wird für die Anwendung benötigt (Personen, Raum, Equipment)?
- Welche Übungsziele/-schwerpunkte möchten sich die Lernenden setzen?
- Wie wird die Anwendung dokumentiert (zum Beispiel per Video, Audio, Transkript, Screencast)?
- Welche Möglichkeiten zur wiederholten Anwendung gibt es, um das Gelernte zu verfestigen?
- Sind Kontrollpunkte sinnvoll? Wenn ja, an welchen Stellen?
- Beim Einsatz in der konkreten Praxis: Wer muss über die anstehende Anwendung informiert oder eingebunden werden (Führungskraft, Kolleginnen und Kollegen etc.)?

Literatur

Bauer, H. G., Burger, B., Buschmeyer, J., Dufter-Weis, A., Horn, K., & Kleestorfer, N. (Hrsg.). (2016). Lernprozessbegleitung in der Praxis: Beispiele aus Aus- und Weiterbildung. GAB München.

Donovan, J. J., & Radosevich, D. J. (1999). A meta-analytic review of the distribution of practice effect: Now you see it, now you don't. *Journal of Applied Psychology, 84*(5), 795–805. https://doi.org/10.1037/0021-9010.84.5.795[6]

Literatur

Driskell, J.E., Willis, R.P., & Copper, C. (1992). Effect of overlearning on retention. The Journal of applied psychology, 5(77), 615–622. https://doi.org/10.1037/0021-9010.77.5.615

Ericsson, K. A., Krampe, R. T., & Tesch-Römer, C. (1993). The role of deliberate practice in the acquisition of expert performance. Psychological Review, 100(3), 363–406. https://doi.org/10.1037/0033-295X.100.3.363

Gegenfurtner, A. (2011). Motivation and transfer in professional training: a meta-analysis of the moderating effects of knowledge type, instruction, and assessment conditions. Educational Research Review, 3(6), 153–168. https://doi.org/10.1016/j.edurev.2011.04.001

Keith, N., & Frese, M. (2008). Effectiveness of error management training. A meta-analysis. The Journal of applied psychology, 1(93), 59–69. https://doi.org/10.1037/0021-9010.93.1.59

Kleestorfer-Kießling, N., Horn, K., & Buschmeyer, J. (2021). Selbstorganisiertes Lernen in der Praxis am konkreten Beispiel der Qualifizierung für individuelle Lernbegleiter:innen bei der Bundesagentur für Arbeit. GAB Whitepaper. München.

Lipowsky, F. (2020). Unterricht. In E. Wild & J. Möller (Hrsg.), Pädagogische Psychologie (S. 69–118). Springer. https://doi.org/10.1007/978-3-662-61403-7_4

Roelofs, B. (2019). How Shadow Coaching helps Leaders to Improve their Performance on the Job in Real-Time. International Journal of Evidence Based Coaching and Mentoring, S13, 49–62. https://doi.org/10.24384/1saj-7n35

Ryan, R. M., & Deci, E. L. (2020). Intrinsic and extrinsic motivation from a self-determination theory perspective: Definitions, theory, practices, and future directions. Contemporary Educational Psychology, 61(3), 101860.

R – Reflektieren

Inhaltsverzeichnis

7.1 Selbsteinschätzung – 84

7.2 Fremdeinschätzung – 85

Literatur – 91

© Der/die Autor(en), exklusiv lizenziert an Springer-Verlag GmbH, DE, ein Teil von Springer Nature 2024
J. Sammet, J. Sammet, *Good Learning - Guide zur agilen Lernbegleitung in Unternehmen*,
https://doi.org/10.1007/978-3-662-68512-9_7

□ Abb. 7.1 Reflektieren: Selbst- und Fremdeinschätzung

In Form von Selbsteinschätzung und Feedback wird über das Tun reflektiert.

Erst durch das Betrachten des Tuns in Form von Selbsteinschätzung und Fremdeinschätzung (Feedback) entfaltet dieser Schritt seinen vollen pädagogischen Nutzen (□ Abb. 7.1). Hier geht es darum, sich retrospektiv sowohl der Stärken des eigenen Tuns als auch des Optimierungspotenzials bewusst zu werden. Dies sollte zeitnah nach dem Tun erfolgen, sodass den Lernenden das Erleben noch präsent ist. Im Unterschied zur Selbsteinschätzung steht beim Feedback die Fremdeinschätzung im Fokus und komplementiert das Reflektieren der Anwendung (Goldstein und Ford 2002).

7.1 Selbsteinschätzung

Die Selbsteinschätzung erfolgt in drei Schritten: Betrachten des Prozesses, Prüfen der Ergebnisse, Sammlung der Erkenntnisse.

In der Praxis hat es sich bewährt, mit einer Selbsteinschätzung zu starten und diese in den folgenden drei Schritten zu vollziehen:

1. **Prozess:** In diesem ersten Schritt reflektieren die Lernenden, wie sie bei der Anwendung vorgegangen sind, welche Hindernisse, Fehler oder positiven Ereignisse es gab, welche Entscheidungen sie warum getroffen haben und welche Haltung (Gedanken und Gefühle) den Prozess begleitet hat. Der letzte Punkt „Haltung" kann wertvolle Hinweise zum Verlauf der Umsetzung liefern, ihm gehört daher besondere Aufmerksamkeit.
2. **Ergebnis:** Im nächsten Schritt werten die Lernenden aus, welche Ergebnisse sie erzielt haben, wie sehr sie mit dem, was sie sich vorgenommen hatten, übereinstimmen und wie zufrieden sie damit sind.
3. **Erkenntnisse:** Die Lernenden schließen die Selbstreflexion ab, indem sie ein Resümee ziehen, was sie aus ihren Erfahrungen gelernt haben, was sie bei zukünftigen Anwendungen beibehalten bzw. ändern möchten und was sie gegebenenfalls noch lernen müssen (Bauer et al. 2016).

Dieser Prozess kann allein oder im Austausch mit anderen (Lernbegleiter, Führungskraft, Peers) erfolgen. Auch eine Kombination aus beiden Varianten ist möglich, also zunächst in die Selbstreflexion und danach nochmals in den Austausch darüber zu gehen. Hilfreich ist, wenn die Lernenden auf eine Dokumentation der Anwendung zurückgreifen können, um die Erinnerungen zu vervollständigen bzw. zu korrigieren (vgl. ▶ Abschn. 6.3).

Erst im nächsten Schritt folgt das Feedback, um die Selbstwahrnehmung nicht vorab durch Fremdeinschätzung zu verzerren.

7.2 Fremdeinschätzung

Feedback ist wertvoll, um blinde Flecken aufzuspüren, die der eigenen Wahrnehmung verborgen bleiben. Für den Bildungsforscher John Hattie stellt Feedback sogar eine der wirkungsvollsten Lernmethoden dar (Hattie 2023). Abhängig vom Lernthema kann das Feedback durch Personen oder durch Technologien erfolgen. Hier eröffnet sich das rasant wachsende Feld von Learning Analytics (Ramya und Rajeswari 2023). Learning Analytics nutzt aussagekräftige Daten für die Optimierung des Lernprozesses. Adaptive Lernsysteme und Assessment-Tools generieren Daten über Lernpfade und Leistungen. Besonders hervorzuheben sind Feedbacksysteme, die qualitative Daten durch Bewertungen und Rückmeldungen von Lernenden und Lehrenden bereitstellen. Diese Daten sind für eine ganzheitliche Analyse des Lernprozesses wichtig und tragen maßgeblich zur Verbesserung und Anpassung der Lernangebote bei. Auch mit Virtual und Augmented Reality erhalten Lernende, die zum Beispiel das Bedienen einer Maschine erlernen möchten, sofortiges Feedback zu ihren Handlungen und Entscheidungen. Findet die Fremdeinschätzung durch Personen statt, kann sie entweder synchron oder asynchron erfolgen. In ◘ Tab. 7.1 finden Sie beide Formen einander gegenübergestellt.

Feedback kann durch Personen oder durch Technologien wie Learning Analytics erfolgen.

Feedback kann synchron oder asynchron erfolgen.

Feedbackprozess: Im Folgenden finden Sie beispielhaft einen bewährten synchron stattfindenden Feedbackprozess, der sich auf eine Vielzahl von Lernsettings übertragen oder anpassen lässt, in denen mehrere Lernende miteinander lernen. Die Aufgabe des Lernbegleiters kann darin bestehen, diesen Prozess zu moderieren und als Fachexperte selbst Feedback zu geben oder alternativ einen Fachexperten in den Feedbackprozess einzubinden. Der Feedbackprozess kann sowohl in Präsenz als auch per Videokonferenz stattfinden.

Der Lernbegleiter kann den Feedbackprozess moderieren.

1. **Selbstreflexion:** Sie bildet immer den Start eines Feedbackprozesses und kann wie oben beschrieben gestaltet werden. Die Antworten der Lernenden geben den Feedbackgebern die Möglichkeit, ihr Feedback gegebenenfalls darauf abzu-

Tab. 7.1 Feedback: synchrones und asynchrones Feedback im Vergleich. (Quelle: eigene Darstellung)

	Synchrones Feedback	Asynchrones Feedback
Varianten	Lernender und Feedbackgeber führen ein Feedbackgespräch live online per Videokonferenz, in Präsenz oder telefonisch. Der Feedbackgeber bereitet das Feedback vorab vor, falls ihm ein Ergebnis der Anwendung vorliegt, oder beide schauen sich das Ergebnis gemeinsam an und der Feedbackgeber gibt spontan Feedback.	Feedbackgeben und -nehmen finden zeitlich versetzt statt, zum Beispiel schriftlich, als Sprachnachricht oder Bildschirmaufzeichnung. Letzteres eignet sich, wenn dem Feedbackgeber ein Video vom Lernenden vorliegt, in dem die Anwendung zu sehen ist. Dann kann der Feedbackgeber eine „Aufzeichnung von der Aufzeichnung" machen und zwischendurch die Aufzeichnung anhalten, um zu Videosequenzen sein Feedback zu geben.
Vorteile	Lernende haben unmittelbar Gelegenheit, Verständnisfragen zum Feedback zu klären. Es ist in der Regel weniger aufwendig für den Feedbackgeber, da er das Feedback nicht selbsterklärend aufbereiten muss.	Das Feedback ist dokumentiert und der Lernende kann es sich wiederholt anschauen.
Nachteile	Gemeinsame Treffen sind mit einem größeren organisatorischen Aufwand verbunden.	Der Lernende kann Verständnisfragen nicht direkt klären.

stimmen: Bewerten die Lernenden ihre Anwendung sehr negativ, so ist es im Sinne der Selbstregulation besonders wichtig, gerade auch die positiven Aspekte zu betonen. Sehen sich die Lernenden unangemessen positiv, sollten im Feedback konkret Verbesserungsmöglichkeiten benannt werden. Ziel ist es, im Sinne des Prinzips der Bestätigung und Verbesserung für ein Gleichgewicht zu sorgen.

2. **Feedback durch Fachexperten:** Im Feedbackbackprozess sollten immer Fachexperten zum jeweiligen Lernthema involviert sein. Nur so sind sie kompetent, die Qualität der Handlung zu beurteilen bzw. entsprechende Verbesserungstipps zu geben. Verfügen Sie selbst nicht über die nötige Fachexpertise zum Lernthema, so kann Lernbegleitung auch darin bestehen, einen geeigneten Experten zu finden und in den Feedbackprozess einzubinden. Sollen Kompetenzen angeeignet werden, die in der Interaktion mit Menschen eingesetzt werden (zum Beispiel Verkaufsgespräche führen), so ist es hilfreich, wenn auch Personen aus dieser Zielgruppe ins Feedback einbezogen werden, um deren Perspektive abzubilden.

7.2 · Fremdeinschätzung

3. **Feedback von Lerngruppe:** Abhängig von der zu erwerbenden Kompetenz kann es hilfreich sein, Beobachtungskriterien, etwa in Form eines Beobachtungsbogens, mit an die Hand zu geben. Um Komplexität zu reduzieren, können die Beobachtungskriterien in der Gruppe aufgeteilt werden, sodass man sich bei der Beobachtung auf nur wenige Kriterien zu fokussieren braucht.
4. **Erkenntnisse des Lernenden:** Die Lernenden fassen die für sie wertvollsten Erkenntnisse aus dem Feedback zusammen und formulieren die nächsten Schritte.
5. **Erkenntnisse der Lerngruppe:** Auch die Lerngruppe kann von der Anwendung eines anderen Lernenden profitieren. Daher empfiehlt es sich, auch ihr die Möglichkeit zu geben, ihre gewonnenen Erkenntnisse mitzuteilen oder zumindest für sich zu reflektieren.

Drei-W-Feedback (Abb. 7.2**):** „Hartes Feedback", wie es in der Trainingspraxis häufig erwünscht scheint, verfehlt oft das Ziel, Handlungen zu verbessern. Oberflächliches Lob, wie es ebenfalls verbreitet ist, nützt genauso wenig. Förderliches Feedback fokussiert auf Verbesserung und Bestätigung: Sind Sie in der Rolle des Feedbackgebers, teilen Sie den Lernenden beim Feedbackgeben nicht nur mit, was diese aus ihrer Sicht optimieren könnten. Bestärken Sie die Lernenden auch ressourcenorientiert in dem, was sie beibehalten können. Geben Sie Feedback so, dass die Lernenden es gut annehmen können. Dies gelingt Ihnen, indem Sie das Feedback konkret formulieren und zwischen den folgenden drei W-Ebenen differenzieren können (Goldstein und Ford 2002):

1. **Wahrnehmung:** Schildern Sie Ihre Wahrnehmung. Die Lernenden sollen nachvollziehen können, was die Basis für Ihre Schlussfolgerungen ist. „Mir ist aufgefallen, dass du dem Kunden im Gespräch wenig in die Augen geschaut hast."
2. **Wirkung:** Wie hat die Wahrnehmung auf Sie gewirkt? „Das wirkt auf mich, als würde dich der Kunde einschüchtern." Bei der Entwicklung von Hardskills kann hier eine sachliche Bewertung der Wahrnehmung treffender sein.

> Förderliches Feedback fokussiert auf Verbesserung und Bestätigung mithilfe der drei W-Ebenen „Wahrnehmung, Wirkung, Wunsch".

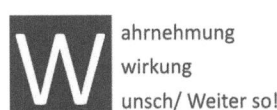

Abb. 7.2 Reflektieren: Drei-W-Feedback

3. **Wunsch/Weiter so!:** Welchen Wunsch oder welche Empfehlung bzw. welchen Tipp haben Sie für die Lernenden? „Mein Tipp: Achte darauf, mehr Blickkontakt zu halten." Handelt es sich um eine Handlung, die die Lernenden aus Ihrer Sicht beibehalten sollen, dann bestärken Sie diese „Weiter so!".

> Wichtig ist beim Feedback, zwischen Wahrnehmung und Wirkung zu unterscheiden.

Achten Sie darauf, beim Drei-W-Feedback zwischen Wahrnehmung und Wirkung zu unterscheiden. Mit „Wahrnehmung" sind Ihre reinen Beobachtungen gemeint, also das, was mit einer Videokamera aufgezeichnet werden kann, ohne weitere Gedanken hinzuzufügen.

▶ **Beispiel**

In einem Lernprozess zum Thema „Kundenservice" formuliert Feedbackgeberin Jennifer ihr Feedback wie folgt: „Mir ist aufgefallen, dass du den Kunden nicht ernst nimmst". Hier beschreibt sie eine Wirkung und keine Wahrnehmung. Durch ihren Verzicht auf die Wahrnehmungsschilderung kann es passieren, dass der Feedbackempfänger das Feedback nicht nachvollziehen kann und möglicherweise widerständig reagiert. Besser wäre folgende Formulierung: „Mir ist aufgefallen, dass du den Kunden drei Mal unterbrochen hast [Wahrnehmung]. Das wirkt auf mich, als würdest du ihn nicht ernst nehmen [Wirkung]." Durch das Voranstellen der Wahrnehmung versteht der Feedbackempfänger, wie Jennifer zu ihrer Annahme kommt. ◀

> Empfehlungen des Feedbackgebers dürfen Lernende weder über- noch unterfordern.

Teilen Sie den Lernenden im Feedback mit, was sie ihnen empfehlen zu tun (anstatt was Sie ihnen empfehlen, nicht zu tun). Wählen Sie bei der Formulierung aus den möglichen Empfehlungen, die Ihnen zu Ihrer Beobachtung einfallen, diejenigen aus, die am besten zum Übungsziel der Lernenden passen. Diese Auswahl setzt inhaltliche Expertise des Feedbackgebenden voraus. Wichtig ist, dass die Empfehlung die Lernenden weder über- noch unterfordert.

▶ **Beispiel**

Vertriebsmitarbeiter Ulf möchte seine Kompetenzen im Bereich „Verkaufsgespräch führen" weiterentwickeln. Er formuliert als Übungsziel: „Ich achte in der nächsten Übung auf eine positive Körpersprache." Nach der Übung gibt seine Lernbegleiterin ihm im Feedback den Tipp: „Achte darauf, mehr Blickkontakt zu halten." Dieser Hinweis ist angemessen, da er Bezug nimmt auf Ulfs Übungsziel. Zusätzliches Feedback, zum Beispiel, inwieweit er die Produktinformation korrekt, verständlich und überzeugend vermittelt hat, würde an dieser Stelle überfordern. Auf diese Themen kann Ulf in weiteren Übungen seinen Fokus legen. ◀

7.2 · Fremdeinschätzung

Feedbackregeln: Abhängig von den Feedbackkompetenzen der Feedbackgeber erfordert die Moderation der Feedbackrunde eine gute Steuerung durch Sie, damit eine positive Feedbackatmosphäre entsteht und aufrechterhalten wird:

- Achten Sie darauf, dass die Feedbackgeber die drei W-Ebenen unterscheiden. Erklären Sie die Vorgehensweise zu diesem Zweck vorab und korrigieren Sie gegebenenfalls zwischendurch.
- Weisen Sie die Feedbackgeber darauf hin, auch die Handlungen im Blick zu haben und im Feedback zu benennen, die die Lernenden beibehalten sollen – und nicht nur diejenigen, die aus ihrer Sicht optimierungsbedürftig sind.
- Verlegen Sie eventuell aufkommende inhaltliche Diskussionen ans Ende des Feedbacks. Sie stören den Feedbackprozess.
- Sorgen Sie dafür, dass sich das Feedback auf die Übungsziele der Lernenden fokussiert und ergänzend gegeben wird, das heißt, Feedback, das bereits von anderen genannt wurde, braucht nicht wiederholt zu werden.
- Manchmal passiert es, dass Feedback in der dritten Person formuliert und dabei der Blickkontakt mit anderen Anwesenden gesucht wird (Beispiel: Ulf gibt Tanja Feedback: „Bei Tanja ist mir aufgefallen, dass sie sehr schnell spricht" und schaut dabei Berthold an). Bitten Sie in diesem Fall die Feedbackgeber, das Feedback an die Feedbackempfänger zu richten.

> Die Moderation der Feedbackrunde erfordert eine gute Steuerung durch den Lernbegleiter.

Zur Sicherung einer positiven Feedbackatmosphäre tragen auch die Feedbackempfänger bei. Diese sollten es vermeiden, ihre Handlungen, auf die sie kritisches Feedback erhalten, zu rechtfertigen („Ich habe das aber gemacht, weil …"). Vor allem, wenn es um zwischenmenschlichen Kompetenzerwerb geht, sind solche Rechtfertigungen im Feedback nicht relevant. Es geht dabei nicht darum, welche Motive hinter der Handlung standen, sondern wie die Handlung auf das Gegenüber wirkte. Rechtfertigungen sollten auch deshalb vermieden werden, da sie den Feedbackger demotivieren können, Verbesserungsvorschläge zu machen. Soll eine Kompetenz aus dem Hardskills-Bereich erworben werden, ist dieser Hinweis allerdings unnötig, da es meistens nur eine richtige und eine falsche Handlung gibt.

> Feedbackempfänger sollten Rechtfertigungen ihrer Handlungen bei kritischem Feedback vermeiden.

Nach dem Feedback kann sich auch herausstellen, dass der Lerninhalt noch nicht ausgereicht hat und im nächsten Learning Loop ein ergänzender Lerninhalt nötig ist.

Abhängig von Lernthema und Lernkultur kann die Auswertung der Lernerfahrungen einzelner Lernender auch für andere Lernende hilfreiche Erkenntnisse liefern (vgl. ▶ Kap. 10).

Abb. 7.3 Reflektieren – Zusammenfassung

Die Rolle von Feedback im Lernprozess ist unbestritten, doch oft reicht es nicht aus, um tiefgreifendere Lernfortschritte zu erzielen. Hier kommt das explizite Reflektieren ins Spiel, welches über bloße Rückmeldung hinausgeht und die Lernenden dazu anregt, ihre Grundannahmen und Herangehensweisen zu hinterfragen (◘ Abb. 7.3). Dieser Prozess, bekannt als „Double Loop Learning" (Argyris und Schön 1978), eröffnet eine tiefere Ebene des Verständnisses und der Selbstwahrnehmung. Der Schritt gehört zwar logisch zu „Reflektieren" im Learning Loop. Da eine solche Reflexion aber zumeist im 1:1-Setting mit dem Lernbegleiter erfolgt, wird darauf in ▶ Kap. 9 genauer eingegangen.

> **Leitfragen zur Planung des Reflektierens:**
> - In welchem Setting wünscht der Lernende die Selbstreflexion (Allein oder im Austausch oder eine Kombination? Falls im Austausch: mit wem?)?
> - Wie lauten die Reflexionsfragen?
> - Welche Personen eignen sich als Feedbackgebende bzw. von wem wünschen die Lernenden Feedback?
> - Wer organisiert das Feedback?
> - Worauf soll Feedback gegeben werden (zum Beispiel auf eine Aufzeichnung, Livesimulation, schriftliche Ausarbeitung)?
> - In welchem Setting soll das Feedback stattfinden (synchron, asynchron, in Präsenz, online, telefonisch, schriftlich, per Sprachnachricht etc.)?
> - Wie lautet das Übungsziel der Lernenden, auf das das Feedback fokussiert werden soll?
> - Können die Feedbackgeber professionelles Feedback geben (zum Beispiel Drei-W-Feedback)? Falls nicht, wie wird dies sichergestellt (Briefing, Aushändigung einer Drei-W-Vorlage)?

Literatur

Argyris, C., & Schön, D. A. (1978). Organizational Learning: A Theory of Action Perspective. Addison-Wesley Publishing Company

Bauer, H. G., Burger, B., Buschmeyer, J., Dufter-Weis, A., Horn, K., & Kleestorfer, N. (Hrsg.). (2016). Lernprozessbegleitung in der Praxis: Beispiele aus Aus- und Weiterbildung. GAB München.

Goldstein, I. L., & Ford, J. K. (2002). Training in organizations: Needs assessment, development, and evaluation (4th ed.). Wadsworth/Thomson Learning.

Hattie, J. (2023). Visible Learning: the sequel: A Synthesis of Over 2,100 Meta-Analyses Relating to Achievement. Taylor & Francis.

Ramya, R., & Rajeswari, G. (2023). Learning Analytics: An Overview. International Journal of Research and Analytical Reviews (IJRAR), 10(2), 401–403.

A – Auswerten

Inhaltsverzeichnis

8.1 Vorgehen – 95

8.2 Lerntransfer sichern – 96

Literatur – 98

© Der/die Autor(en), exklusiv lizenziert an Springer-Verlag GmbH, DE, ein Teil von Springer Nature 2024
J. Sammet, J. Sammet, *Good Learning - Guide zur agilen Lernbegleitung in Unternehmen*,
https://doi.org/10.1007/978-3-662-68512-9_8

> Beim Auswerten wird der zurückliegende Learning Loop und das Lernergebnis reflektiert.

Der Schritt „Auswerten" ist das Pendant zum „Planen"-Schritt (vgl. ▶ Kap. 4). Hier geht es darum, den zurückliegenden Learning Loop und das erreichte Lernergebnis zu reflektieren und die dabei gesammelten Erkenntnisse für die Planung des nächsten Learning Loop zu nutzen (Derby und Larsen 2006).

Das Auswerten hat auch die Funktion einer Art Deadline für einen zurückliegenden Learning Loop und somit oft einen positiven Einfluss auf die Lernmotivation der Lernenden. Daher sollte es bereits im Schritt des Planens, angepasst an den Zeitplan zur Absolvierung des Learning Loops, terminiert werden.

Handelt es sich um eine Gruppe Lernender, die gemeinsam einen Learning Loop durchlaufen haben, empfiehlt es sich, die gesamte Gruppe zum Auswerten einzuladen. Auch die Führungskraft kann in das Auswerten einbezogen werden. Durch ihre Teilnahme erhält sie Einblick in die Entwicklung ihrer Mitarbeitenden und erfährt, an welchen Stellen sie diese in der Fortsetzung des Lernprozesses unterstützen kann. Dazu kann ein Abgleich von Selbst- und Fremdbild vorgenommen werden.

Das Auswerten kann je nach Rahmenbedingungen online oder in Präsenz stattfinden.

Beim Auswerten nehmen Sie die Rolle des Sparringspartners ein und nicht die „des Prüfers". Das bedeutet, dass Sie auch hier den Lernenden auf Augenhöhe, empathisch und lösungsorientiert begegnen. Wichtig ist die Dokumentation der Ergebnisse. Hierfür eignen sich die beiden Canvas „Auswertung Inhalt" und „Auswertung Prozess" (vgl. ◘ Abb. xy und Abb. xy).

Auswertung Inhalt	
Was habe ich gelernt?	Was ist noch offen?

Auswertung Prozess

Phase im Learning Loop \ Fragen	Was lief gut? (allgemein und lernstrategisch)	Was hätte besser laufen können? Warum ist es so gelaufen?	Was soll im nächsten Loop (+) beibehalten/ (-) optimiert werden?
Planen			
Erschließen			
Tun			
Reflektieren			
Begleiten			
Austauschen			
Lernkultur			

8.1 Vorgehen

Die Reflexion erfolgt auf der Prozess- und Inhaltsebene und vollzieht sich in folgenden Schritten:

1. **Intro:** Starten Sie mit einer Check-in-Frage, um jeden Teilnehmenden kurz zu Wort kommen zu lassen. Die Check-in-Frage sollte Smalltalkcharakter haben und noch nichts

Die Reflexion erfolgt auf der Prozess- und Inhaltsebene.

inhaltlich mit dem Auswerten zu tun haben. Ziel ist das Ankommen der Teilnehmenden.

2. **Erfolge feiern:** Fragen Sie zunächst, welche Erkenntnisse die Lernenden inhaltlich gewonnen haben. Werfen Sie auch einen Blick auf möglicherweise bereits erreichte Performanceziele. Dokumentieren Sie auch, was noch offen geblieben ist. Danach legen Sie den Fokus auf den Prozess. Was lief in den einzelnen Phasen des Learning Loop allgemein gut? Was hat speziell für sie als Lernende „lernstrategisch" gut funktioniert? Würdigen Sie diese Erfolge, gerne auch mit einem kleinen Ritual wie Applaus.
3. **Daten sammeln:** In dieser Phase geht es um die Punkte, die optimierungsbedürftig sind. Lassen Sie dazu die Lernenden reflektieren, was im zurückliegenden Learning Loop nicht so gelaufen ist wie erwartet und woran sich dies zeigt. Falls zuvor bereits ein Learning Loop ausgewertet wurde, schauen Sie jetzt in diesem Schritt auch, inwieweit die daraus hervorgegangenen Maßnahmen im zurückliegenden Learning Loop umgesetzt werden konnten. Nutzen Sie in diesem Schritt auch die Reflexionen der Lernenden aus deren Lernmonitoring (vgl. ▶ Abschn. 4.3).
4. **Einsichten gewinnen:** Analysieren Sie die Ursachen der Probleme und fragen Sie nach dem „Warum" für die optimierungsbedürftigen Punkte. Dies bildet die Grundlage, um Lösungen zu finden.
5. **Maßnahmen beschließen:** Beschließen Sie gemeinsam mit den Lernenden und der Führungskraft Maßnahmen, um die Probleme für den nächsten Learning Loop zu beheben. Formulieren Sie die Verbesserungsmaßnahmen smart.
6. **Abschluss:** Reflektieren Sie gemeinsam mit den Lernenden die Aktivität des Auswertens selbst, um das Auswerten des nächsten Learning Loops gegebenenfalls optimieren zu können.

8.2 Lerntransfer sichern

Wichtig sind die Schlussfolgerungen der Lernenden zur Optimierung zukünftiger Learning Loops.

Die Veränderung von Verhaltensmustern erfordert kontinuierliche Übung und Feedback.

Wichtiger als die Bewertung des zurückliegenden Prozesses ist, welche Schlussfolgerungen die Lernenden zur Optimierung des zukünftigen Learning Loops ziehen. Spätestens beim Auswerten des letzten Learning Loops stellt sich die Frage, wie die neu erworbenen Kompetenzen dauerhaft in den Alltag integriert werden können (◘ Abb. 8.1). Hier bietet das von dem Bildungsforscher Axel Koch entwickelte „aktive Rückfallmanagement" einen wertvollen Ansatz (Koch 2022). Koch widmet sich den Herausforderungen, die mit der Änderung von Gewohnheiten einhergehen. Für ihn gleichen unsere Ge-

8.2 · Lerntransfer sichern

Abb. 8.1 Auswerten – Zusammenfassung

wohnheiten Autobahnen, die tief in unserem Gehirn verankert sind und schnelle und automatische Reaktionen ermöglichen. Diese Gewohnheiten zu ändern, erfordert den Bau neuer Wege, was Zeit und Anstrengung verlangt. Die Veränderung von Verhaltensmustern ist somit eine Herausforderung, die kontinuierliche Übung und Feedback erfordert. Koch empfiehlt die Erstellung eines „Rückfallplans", der darauf abzielt, unerwünschte Verhaltensmuster zu ändern und neue, positive Verhaltensweisen zu etablieren. Dieser Rückfallplan besteht aus fünf Schritten und kann ebenfalls gut für das Auswerten eingesetzt werden:

1. **Altes Verhaltensmuster identifizieren:** Zuerst wird das unerwünschte Verhalten bewusstgemacht. Man notiert Situationen, in denen man automatisch in alte Muster verfällt, ohne sich dessen bewusst zu sein.
2. **Neues Verhaltensmuster definieren:** Anstatt sich nur auf das abzulegende Verhalten zu konzentrieren, definiert man, was man stattdessen tun möchte. Man formuliert ein konkretes Verhaltensziel für die nächsten zwei Monate.
3. **Vorboten wahrnehmen:** Unerwünschtes Verhalten kündigt sich oft durch bestimmte Anzeichen an, wie körperliche Verkrampfungen oder bestimmte Gefühle. Diese Vorboten gilt es zu erkennen und bewusst wahrzunehmen.
4. **Stoppsignal festlegen:** Um das automatische Verhalten zu unterbrechen, legt man ein Stoppsignal fest, wie zum Beispiel das Ballen der Faust. Dieses Signal dient als Erinnerung, bewusst innezuhalten und den Notfallplan zu aktivieren.
5. **Notfallplan vorbereiten:** Für jeden identifizierten Vorboten wird ein spezifischer Plan erstellt, der festlegt, was zu tun ist, um das unerwünschte Verhalten zu vermeiden und das neue Verhalten zu fördern. Der Plan sollte klar und konkret sein, um im entscheidenden Moment umgesetzt werden zu können.

Ein „Rückfallplan" hilft, unerwünschte Verhaltensmuster zu ändern und neue, positive zu etablieren.

> ▶ **Beispiel**
>
> Projektmanagerin Tanja neigt dazu, in Meetings schnell emotional und defensiv zu reagieren, wenn ihr Projekt kritisiert wird. Dieses Verhalten führt oft zu unproduktiven Diskussionen und beeinträchtigt die Zusammenarbeit im Team.
>
> 1. **Altes Verhaltensmuster identifizieren**: Tanja erkennt, dass sie in Meetings, besonders bei Feedbackrunden, schnell emotional wird. Sie notiert die spezifischen Situationen, in denen sie defensiv reagiert, zum Beispiel wenn ein Teammitglied eine alternative Vorgehensweise vorschlägt oder Kritik an ihrem Projektplan übt.
> 2. **Neues Verhaltensmuster definieren**: Sie beschließt, dass sie in den nächsten zwei Monaten in solchen Situationen ruhig und offen für Feedback bleiben möchte. Ihr Ziel ist es, konstruktiv auf Kritik zu reagieren, indem sie erst zuhört, nachdenkt und dann sachlich antwortet.
> 3. **Vorboten wahrnehmen**: Tanja merkt, dass sie vor ihrer defensiven Reaktion oft eine Anspannung im Nacken spürt und ihr Herz schneller schlägt. Diese körperlichen Anzeichen sind ihre Vorboten für das unerwünschte Verhalten.
> 4. **Stoppsignal festlegen**: Als Stoppsignal wählt Tanja das tiefe Ein- und Ausatmen. Sobald sie die körperlichen Anzeichen spürt, atmet sie tief ein und aus, um sich daran zu erinnern, innezuhalten und nicht sofort defensiv zu reagieren.
> 5. **Notfallplan vorbereiten**: Tanja erstellt einen Plan für die identifizierten Vorboten. Wenn sie die Anspannung im Nacken und den schnelleren Herzschlag bemerkt, atmet sie tief ein und erinnert sich daran, dass Feedback hilfreich ist. Sie plant, erst zuzuhören, dann bis drei zu zählen und erst dann zu antworten. Dies gibt ihr Zeit, ihre Gedanken zu sammeln und ruhig zu reagieren. ◀

Literatur

Koch, A. (2022). Logbuch Gewohnheiten nachhaltig verändern: Die Technik des Rückfallmanagements. Beltz.

Derby, E.; Larsen, D. Agile Retrospectives (2006): Making Good Teams Great. Pragmatic Bookshelf.

B – Begleiten

Inhaltsverzeichnis

9.1 Definition und Anlässe – 100

9.2 Beratungshaltungen – 101

9.3 Themen und Lösungen – 103

Literatur – 108

© Der/die Autor(en), exklusiv lizenziert an Springer-Verlag GmbH, DE, ein Teil von Springer Nature 2024
J. Sammet, J. Sammet, *Good Learning - Guide zur agilen Lernbegleitung in Unternehmen*,
https://doi.org/10.1007/978-3-662-68512-9_9

9.1 Definition und Anlässe

Hauptziel des Begleitens ist, den Lernprozess des Einzelnen individuell zu unterstützen und zu optimieren.

Begleiten ist im Konzept der agilen Lernbegleitung ein Sammelbegriff für alle Interaktionen, die zwischen den Lernenden und dem Lernbegleiter in Bezug auf den zu begleitenden Lernprozess stattfinden. Somit kann Begleitung in allen Komponenten einer agilen Lernbegleitung erfolgen. Hauptziel des Begleitens ist es, den Lernprozess des Einzelnen durch individuelle Unterstützung zu optimieren. In ◘ Tab. 9.1 finden Sie exemplarisch einige Anlässe für Begleitung den entsprechenden Komponenten der agilen Lernbegleitung zugeordnet.

Das Setting des Begleitens ist je nach Erfordernissen und Präferenzen wähl- und kombinierbar.

Das **Setting**, in dem Begleitung stattfindet, ist nach Erfordernis, Rahmenbedingungen und Präferenz wähl- und kombinierbar. So sind Gespräche in Präsenz, per Videokonferenz oder Telefon möglich. Für einfache Fragen und schnelle Hilfen sind auch Text- und Sprachnachrichten via

◘ **Tab. 9.1** Begleiten: Komponenten agiler Lernbegleitung und spezifische mögliche Anlässe. (Quelle: eigene Darstellung)

Komponente agiler Lernbegleitung	Anlässe
Planen	Entwicklung einer individuellen Lernstrategie Klärung von Fragen zum Ablauf des Lernprozesses Anpassung getroffener Vereinbarungen an geänderte Rahmenbedingungen Aktualisierung von Wenn-dann-Plänen Bearbeitung von individuellen Lernblockaden, zum Beispiel im Bereich Motivation, Selbst- und Zeitmanagement, Konzentration
Erschließen	Klärung inhaltlicher Fragen zum Lerninhalt Austausch über das Gelernte Unterstützung bei der Suche nach einem Fachexperten Übernahme des didaktischen Parts bei Zusammenarbeit mit Fachexperten Unterstützung der Suche nach einer passenden Weiterbildung Unterstützung beim selbstgesteuerten Lernen
Tun	Konzeption einer passenden Anwendungsaufgabe Begleitung der Umsetzung
Reflektieren	Sparringspartner für Reflexion Moderation von Feedbackprozessen Feedbackgeber
Auswerten	Sparringspartner zur Reflexion des zurückliegenden Learning Loop
Austauschen	Initiieren von Austauschformaten Konfliktmanagement in der Lerngruppe
Lernkultur	Einführen und Stützen der neuen Rolle Reflexion von Implementierungshürden

Messengerdiensten oder die klassische E-Mail denkbar. Abhängig von Ihnen und den Präferenzen der Lernenden können Sie im „Planen"-Schritt (vgl. ▶ Kap. 4) mit diesen feste Termine vereinbaren. Alternativ oder zusätzlich ist es auch möglich, dass die Lernenden nach Bedarf auf Sie zukommen.

Eine Begrenzung des Stundenvolumens im Begleitungsangebot, beispielsweise durch ein festgelegtes Kontingent, kann nicht nur die Selbstständigkeit der Lernenden stärken und ihnen eine verlässliche Planungsgrundlage bieten, sondern auch sicherstellen, dass Ihr Betreuungsaufwand überschaubar und kontrollierbar bleibt.

9.2 Beratungshaltungen

Abhängig von den spezifischen Bedürfnissen und Anliegen der Lernenden ist es notwendig, flexibel zwischen verschiedenen Beratungshaltungen bei der Begleitung zu wechseln. Edgar Schein (2016) unterscheidet drei grundlegende Beratungsverständnisse, die auch im Rahmen der agilen Lernbegleitung von zentraler Bedeutung sind: Expertenberatung, das Arzt-Patient-Verhältnis und die Prozessberatung (◘ Abb. 9.1).

Experte: Der Lernbegleiter geht davon aus, dass der Lernende sein Problem kennt, und bietet Lösungen und Fachwissen an.

> Grundlegende Beratungsverständnisse der agilen Lernbegleitung sind die Expertenberatung, das Arzt-Patient-Verhältnis und die Prozessberatung.
>
> Expertenberatung – der Lernbegleiter bietet als Experte Lösungen und Fachwissen an.

> ▶ **Beispiel**
> Berthold aus der Vertriebsabteilung bildet sich weiter, um eine neue Software zum Customer-Relationship-Management (CRM) nutzen zu können. Trotz des innerhalb eines Onlinetrainings vermittelten Inputs fühlt er sich unsicher im Umgang mit einigen fortgeschrittenen Funktionen, die für seine tägliche Arbeit wichtig sind. Als Experte tritt seine Lernbegleiterin auf, indem sie Berthold in Begleitungssessions punktgenau schult. Ziel ist es, dass er durch das vertiefte Fachwissen seiner Lernbegleiterin die Softwarefunktionen vollständig beherrscht und seine Aufgaben effizienter ausführen kann. ◀

◘ **Abb. 9.1** Begleiten: Beratungshaltungen

Arzt-Patient-Verhältnis – der Lernbegleiter bietet Diagnose und „Medikation" an.

Arzt-Patient: Der Lernbegleiter nimmt an, dass der Lernende die Symptome seines Problems beschreiben kann, aber nicht die Ursache kennt. Er bietet Diagnose und „Medikation" an.

> ▶ **Beispiel**
>
> Teamleiterin Erika entwickelt sich im Bereich „Projektmanagement" weiter und hat Schwierigkeiten, das Gelernte in ihrem Team umzusetzen. Ihr Lernbegleiter analysiert mit ihr die Arbeitsabläufe und stellt fest, dass es an der Kommunikation und dem Setzen von Prioritäten mangelt. Nach der Diagnose bietet er ihr gezielt Lösungen an, zum Beispiel die Einführung von regelmäßigen Stand-up-Meetings zur Verbesserung der Kommunikation und die Anwendung von Priorisierungsmethoden für Aufgaben, um die Arbeitsabläufe zu optimieren. ◀

Prozessberatung – der Lernbegleiter fungiert als klassischer Coach.

Prozessberatung/Coach: Hier steht die „Hilfe zur Selbsthilfe" im Vordergrund. Der Lernbegleiter fungiert hier in der klassischen Rolle eines Coachs und unterstützt den Lernenden dabei, eigene Lösungen zu finden und diese umzusetzen. Besonders eignet sich diese Form von Lerncoaching bei der Bearbeitung von Lernhürden oder wenn es darum geht, spezifische Anwendungsmöglichkeiten zu generieren.

> ▶ **Beispiel**
>
> Führungskraft Bernd bildet sich im Bereich Mitarbeitermotivation weiter. Er möchte sein Team besser motivieren und fördern, ist sich aber unsicher, welche Methoden er anwenden soll. Hier kann seine Lernbegleiterin ihn durch Fragen und weitere Coachingtechniken dazu anregen, über seine bisherigen Erfahrungen zu reflektieren und selbst zu erkennen, welche Herangehensweisen in der Vergangenheit erfolgreich waren und welche nicht. Auf diese Weise unterstützt sie ihn, seine eigene Strategie zur Mitarbeitermotivation zu entwickeln und umzusetzen. ◀

Schlüsselelement einer wirksamen Lernbegleitung ist die Fähigkeit, zwischen verschiedenen Beratungsansätzen zu wechseln.

Die Fähigkeit, je nach Bedürfnis des Lernenden zwischen verschiedenen Beratungsansätzen zu wechseln, ist ein Schlüsselelement für eine wirksame und anpassungsfähige Lernbegleitung. Diese Flexibilität ist entscheidend, um auf die individuellen Anforderungen der Lernenden eingehen zu können. Ein fundiertes Verständnis der jeweiligen Situation sowie die Selbstreflexion des Lernbegleiters sind hierbei unerlässlich. Es ist wichtig, sich der eigenen Beratungspräferenzen bewusst zu sein, um eine einseitige Herangehensweise zu vermeiden, die die Bearbeitung der Anliegen des Lernenden beeinträchtigen könnte. Durch regelmäßige Selbstreflexion kann der Lernbegleiter sicherstellen, dass er stets den angemessenen Beratungsansatz wählt, um den Lernprozess effektiv zu unterstützen.

Drei zentrale Wirkfaktoren für erfolgreiches Begleiten

Im Bereich der Beratung, Begleitung und des Coachings herrscht oft eine verwirrende Vielfalt, darunter leider auch unseriöse Angebote, die potenziell schädlich sein können. Daher ist es umso wichtiger, sich auf wissenschaftlich fundierte Grundlagen zu stützen. Behrendt (2019) hat in einer umfassenden Metaanalyse drei zentrale Wirkfaktoren für erfolgreiches Coaching identifiziert, die auch als Orientierungshilfe für Lerncoaching und -begleitung dienen können:

- **Strukturierte Führung:** Eine strukturierte Führung schafft einen klaren Rahmen für die Interaktion zwischen Coach und Lernenden. Diese Struktur hilft dabei, die Sitzungen fokussiert und zielgerichtet zu gestalten. Innerhalb dieses Rahmens können verschiedene Phasen des Coachingprozesses unterschieden werden.
- **Persönliche Unterstützung:** Die persönliche Unterstützung durch den Coach ist ein weiterer entscheidender Wirkfaktor. Sie beinhaltet emotionale Begleitung, motivationale Unterstützung und die Förderung der Selbstreflexion des Lernenden.
- **Aktivierung von Ressourcen:** Die Aktivierung und Nutzung vorhandener Ressourcen des Lernenden ist ein wesentlicher Bestandteil des Coachingprozesses. Hierbei geht es darum, die individuellen Stärken und Fähigkeiten des Lernenden zu erkennen und gezielt einzusetzen, um den Lernprozess zu optimieren.

> Zentrale Wirkfaktoren für erfolgreiches Coaching sind strukturierte Führung, persönliche Unterstützung und die Aktivierung von Ressourcen.

9.3 Themen und Lösungen

Für die Gestaltung der Begleitungssessions können Sie sowohl allgemeine Beratungs- und Coachingmethoden (Späth und Brender 2021) als auch speziell für den Lernkontext entwickelte Techniken (Schlüter und Kress 2017) nutzen. Für viele Anliegen sind aber ebenso die „Basistechniken" aktives Zuhören und Fragetechniken ausreichend. Sie ermöglichen eine tiefere Einsicht in die Anliegen der Lernenden und ebnen somit den Weg für die Entwicklung passender Lösungsansätze. Diese Instrumente fördern auch bei den Lernenden selbst ein besseres Verständnis ihrer eigenen Anliegen, wobei oft bereits erste Lösungsansätze sichtbar werden.

> Die „Basistechniken" aktives Zuhören und Fragetechniken sind oft für begleitete Sessions ausreichend.

In unserer Praxis setzen wir zudem regelmäßig Livevisualisierungen ein, um ein gemeinsames Verständnis des Anliegens zu schaffen. Selbst ohne umfangreiche Übung lässt sich die Livevisualisierung nutzen. Post-its sind dabei ein ideales Medium, da sie flexibel im Gesprächsverlauf eingesetzt werden können, haften bleiben und sowohl am Boden als auch an der Wand nutzbar sind. Einfache, aus geometrischen Formen bestehende Symbole unterstützen die Visualisierung effektiv. Ein dosierter Einsatz von Farben trägt zur Übersichtlichkeit bei, während Pfeile genutzt werden können, um Zusammenhänge zu visualisieren.

> Livevisualisierungen sind hilfreich für ein besseres gemeinsames Verständnis.

> Persönlicher Nutzen aus dem Erreichen des Performanceziels und die Chance, Wissen auszutauschen, steigern die Lernmotivation.

Im Folgenden finden Sie einige Lösungsansätze für Anliegen, die in der Begleitung häufig auftreten:

Motivationsprobleme: Wie im „Planen"-Schritt (vgl. ▶ Kap. 4) zur Entwicklung der Lernstrategie beschrieben, gilt es zunächst, das Kompetenzproblem zu identifizieren. Verspricht der bevorstehende Lernprozess, ein Problem der Lernenden in der Praxis zu lösen, verleiht dies dem Lernvorhaben Relevanz. Idealerweise ist mit der Aussicht auf das Erreichen des Performanceziels auch ein persönlicher Nutzen für die Lernenden verbunden. Dies ist eine wichtige Voraussetzung dafür, dass sie die nötige Motivation für den Lernprozess und den Einsatz des Gelernten in der Praxis aufbringen. Unterstützen Sie die Lernenden dabei, dass sie sich diesen Nutzen bewusst machen und sich dessen auch bewusst bleiben bzw. sich die Konsequenzen vor Augen führen, die es hat, wenn der Lernerfolg ausbleibt.

Eine weitere Möglichkeit, die Lernmotivation aufrechtzuerhalten bzw. zu steigern, ist, den Lernenden Gelegenheit zu geben, sich über ihr neues Wissen auszutauschen. Dies können Sie berücksichtigen, indem Sie den Lernprozess mit regelmäßig stattfindenden Begleitungen flankieren. Um den Zweck der Motivationssteigerung zu erfüllen, reicht es, wenn es sich hierbei um kurze, 20-minütige Treffen handelt. Diese Treffen können Sie bereits innerhalb des „Planen"-Schrittes mit den Lernenden vereinbaren. Darüber hinaus können Sie den Austausch mit anderen Personen, zum Beispiel einer Lerngruppe, initiieren (vgl. ▶ Kap. 10).

> Durch „Selbstinstruktion" lassen sich destruktive Gedanken aufspüren und bearbeiten.

Manchmal wirken sich destruktive Gedanken negativ auf die Lernmotivation aus. In diesen Fällen lohnt es sich, diese aufzuspüren und zu bearbeiten. Dafür eignet sich die Technik der „Selbstinstruktion" (Meichenbaum 2003). Sie erfolgt in drei Schritten:

1. Zunächst leiten Sie die Lernenden dazu an, ihre Gedanken (zum Beispiel: „Ich schaff' das eh nicht!"), Emotionen (etwa entmutigt sein) und Körperreaktionen (zum Beispiel Müdigkeit) wahrzunehmen. Manchen fällt es nicht leicht, ihre Emotionen in Worte zu fassen. Hier kann es hilfreich sein, eine Liste an Emotionen parat zu haben, aus der die Lernenden auswählen können.
2. Im nächsten Schritt folgt das Innehalten. Um diese Phase zu beginnen, kann es hilfreich sein, „Stopp!" zu denken oder zu sagen, tief durchzuatmen oder sich eine andere Geste zu überlegen, um das Konstrukt aus destruktiven Gedanken, Emotionen und Körperreaktionen zu beenden.
3. Im dritten Schritt wählen die Lernenden eine nützliche Selbstinstruktion. Dies können innere Leitsätze sein (zum Beispiel: „Schritt für Schritt komme ich meinem Ziel näher!") oder auch körperliche Interventionen (zum Beispiel sich aufrichten, lächeln, …).

Diese Technik braucht etwas Übung, damit sie wirkt. Legen Sie daher den Lernenden nahe, sie im Akutfall immer wieder zu nutzen.

Eine effektive Technik, um die Anfangshürde zu überwinden und ins Tun zu kommen, ist der „Nur-15-Minuten-Trick": Regen Sie die Lernenden an, sich den Timer auf 15 min zu stellen und sich nur in diesem Zeitraum ihrer Lernaufgabe zu widmen. Mit dieser Selbstüberlistungsstrategie gelingt es leichter, die Einstiegsenergie aufzubringen. Ist dieser Schritt erledigt, ist es nicht unwahrscheinlich, dass die Lernenden mit ihrer Lernaktivität fortfahren möchten.

Die Anfangshürde, um ins Tun zu kommen, lässt sich durch den „15-Minuten-Trick" überwinden.

Ein Mangel an Motivation kann auch äußeren Umständen geschuldet sein, zum Beispiel einem fehlerunfreundlichen Umgang der Führungskraft mit dem Mitarbeitenden bei der Anwendung des Gelernten. Solche Themen betreffen die Lernkultur, in der der Lernprozess stattfindet (vgl. ▶ Kap. 11).

Zeitprobleme: Idealerweise deckt sich die Anwendung der Lerninhalte mit den Aufgaben, die ohnehin in der Praxis anfallen, und erfordert nicht allzu großen zusätzlichen Aufwand. Nichtsdestotrotz kostet die Auseinandersetzung mit den Lerninhalten Zeit, die eingeplant werden muss. Stellt sich heraus, dass die Lernenden Probleme mit ihrem Zeitmanagement haben, können Sie sie unterstützen, indem Sie analysieren, ob das Zeitmanagement optimiert werden kann. Eine mögliche Intervention ist die Identifikation und Eliminierung von Zeiträubern. Auch das Einpflegen von konkreten Lernterminen in den Kalender kann hilfreich sein. Hier empfiehlt es sich, geeignete Zeiträume am Tag zu finden, in denen die Lernenden möglichst ungestört sind und über die nötige Energie und Aufnahmebereitschaft verfügen. Gegebenenfalls kann die Ursache für mangelnde Zeit auch in den Rahmenbedingungen liegen. So könnte ein Gespräch mit der Führungskraft nötig sein, um neue Zeiträume für das Lernen zu schaffen (vgl. ▶ Kap. 11).

Der Lernbegleiter kann dabei unterstützen, das Zeitmanagement zu optimieren.

> ▶ **Beispiel**
>
> Mitarbeiterin Jennifer spürt eine Hürde auf, nämlich die nötige Zeit, sich den neuen Input anzueignen. Ihr Lernbegleiter regt sie an, mögliche Zeitfresser in ihrem Arbeitsalltag aufzuspüren. Ein Zeitfresser, der ihr bisher noch nicht so bewusst war, ist ihr Kollege Ulf, mit dem sie sich das Büro teilt. Immer dann, wenn er da ist, kommt sie zu viel weniger als sonst, weil er oft das Gespräch mit ihr sucht. Zum Umgang mit dieser Hürde stellt Jennifer folgenden Plan auf: „Wenn Ulf das Gespräch sucht, verabrede ich mich mit ihm zum Mittagessen, bei dem wir das Gespräch vertiefen können." ◀

„Braindumping" hilft, den „Kopf aufzuräumen".

Konzentrationsprobleme: Lernen funktioniert nur schwer nebenbei. Falls mangelnde Konzentration den Lernprozess stört, sollten Sie gemeinsam mit den Lernenden herausfinden, was die Ursache ist. Ablenkungen können interne Faktoren wie störende Gedanken an ein parallel zu managendes Projekt oder Müdigkeit sein. Auch externe Faktoren sind möglich, wie zum Beispiel das Smartphone oder die eingehende E-Mail, die am unteren Bildschirmrand angezeigt wird. Externe Faktoren lassen sich oft durch eine Optimierung der Lernumgebung einfach eliminieren. Bei internen Faktoren können Rituale hilfreich sein, die den „Kopf aufräumen", um Platz für die Lerninhalte zu schaffen. Eine Methode, die sich hierfür eignet, ist das „Braindumping":

1. Regen Sie die Lernenden an, bevor sie mit dem Lernen beginnen, sich Schreibmaterial und einen Timer bereitzulegen. Der Timer wird auf 10 min eingestellt.
2. In dieser Zeit schreiben die Lernenden alles auf, was ihnen in diesem Moment durch den Kopf geht, bis sich der Kopf leer anfühlt. Das können Aufgaben, Ängste, Wünsche, Erinnerungen etc. sein.
3. Im letzten Schritt erfolgt eine Sortierung der Gedanken. Aufgaben werden zum Beispiel in den Kalender eingetragen.

Bei der Pomodoro-Technik wechseln sich Phasen der Konzentration und Pausen ab.

Um fokussiert an einem Stück am Lernprojekt zu arbeiten, hilft vielen die Pomodoro-Technik, bei der sich Phasen der Konzentration mit Pausenphasen abwechseln (Cirillo 2013):

1. Die Lernenden wählen eine konkrete Lernaktivität, der sie sich widmen möchten.
2. Nun wird der Timer auf 25 min gestellt.
3. Die Lernenden arbeiten an der Aufgabe, bis der Timer klingelt. Während dieser Zeit versuchen sie, nicht abgelenkt zu werden.
4. Nachdem der Timer geklingelt hat, machen sie eine kurze Pause (normalerweise 5 min). Dies hilft, das Gehirn zu entspannen und sich auf die nächsten 25 min vorzubereiten.
5. Die Lernenden wiederholen die Schritte zwei bis vier. Nach vier 25-minütigen Lernphasen empfiehlt sich eine längere Pause (15–30 min).

Die Gestaltung der Lernumgebung ist für die Konzentrationsfähigkeit erheblich.

Die Gestaltung der Lernumgebung spielt eine nicht zu unterschätzende Rolle für die Konzentrationsfähigkeit und das Lernerlebnis. Es versteht sich von selbst, dass ein überfüllter Schreibtisch und ein Raum voller telefonierender Kollegen nicht gerade ideale Bedingungen für effektives Lernen schaffen. Vielmehr ist ein ruhiger, aufgeräumter Ort förderlich. Es ist daher ratsam, die Lernenden dazu anzuregen, über ihre bevorzugte Lernumgebung nachzudenken und zu reflektieren, was sie in die richtige Lernstimmung versetzt.

Eine einfache, doch äußerst effektive Maßnahme – wenngleich oft schwer umsetzbar – ist das Ausschalten aller potenzieller Störquellen, vor allem der digitalen Medien. Untersuchungen haben gezeigt, dass bereits die bloße Präsenz eines Smartphones auf dem Tisch die Konzentration beeinträchtigen kann (Skowronek et al. 2023). Daher empfiehlt es sich, alle Benachrichtigungen zu deaktivieren, das Smartphone in einen anderen Raum zu legen und gegebenenfalls Kopfhörer mit Noise Cancelling zu verwenden, um eine optimale Lernatmosphäre zu schaffen.

Veränderungsprobleme: Manchmal reicht eine Empfehlung zur Optimierung einer Handlung nicht aus. In diesen Fällen kann es hilfreich sein, die Lernenden dazu anzuregen, das „Warum" für die Handlung zu ergründen: Warum handeln die Lernenden wie sie handeln?

> Nur wenn tiefer liegende Motive hinter Handlungen bewusst sind, können diese verändert werden.

▶ **Beispiel**

Ulf gelingt es trotz des Feedbacks nicht, in den nächsten Übungsrunden Blickkontakt mit seinen Gesprächspartnern zu halten.

Seine Lernbegleiterin versucht zu ergründen, welche Gedanken und Einstellungen hinter seinem Wegschauen stecken, etwa mit der Frage: „Welche Gedanken gehen dir vor/während des Gesprächs durch den Kopf?" Gemeinsam finden sie heraus, dass die Ursache für Ulfs Wegschauen in der Angst vor Fragen liegt. ◀

Nur wenn tiefer liegende Motive hinter der Handlung bewusst sind, können sie verändert werden, zum Beispiel indem Lernende trainieren, sie durch neue, förderlichere Gedanken und Strategien zu ersetzen (Meichenbaum 2003).

Mutprobleme: Lernen erfordert es, bewährte Pfade zu verlassen, um Neues auszuprobieren. Das birgt immer auch die Gefahr, Fehler zu machen. Fehler können jedoch wertvolles Lernmaterial bieten. So betonen die Arbeiten von Chris Argyris und Donald Schön (1978), wie wichtig es ist, nicht nur auf Fehler an der Oberfläche zu reagieren, sondern die zugrunde liegenden Annahmen und Denkmuster zu hinterfragen und anzupassen. Um ein Bewusstsein für den Wert von Fehlern und folglich für eine Fehlerbereitschaft zu schaffen, kann es hilfreich sein, dass die Lernenden vergangene Fehler aus dem Berufs- und Privatleben sowie deren Lerneffekte und positiven Auswirkungen reflektieren. Hat die Angst vor Fehlern mit einer ungünstigen Organisationskultur zu tun, kann Lernbegleitung darin bestehen, einen positiven Beitrag zur Fehlerkultur zu leisten (Kleestorfer-Kießling et al. 2021).

> Fehler zu machen, erfordert Mut, bietet aber auch wertvolles Lernmaterial.

● Abb. 9.2 Begleiten – Zusammenfassung

Bei der Begleitung verläuft die Grenze vom Training zum Coaching fließend. Entscheiden Sie selbst, welche Fragen im Rahmen Ihrer agilen Lernbegleitung möglich sind und für welche Sie die Lernenden gegebenenfalls an einen Coach verweisen (● Abb. 9.2).

Literatur

Argyris, C., Schön, D. A. (1978). Organizational Learning: A Theory of Action Perspective. Addison-Wesley Publishing Company

Behrendt, P. (2019). Successful behaviour in coaching, career counselling, and leadership. Inauguraldissertation zur Erlangung der Doktorwürde der Wirtschafts- und Verhaltenswissenschaftlichen Fakultät der Albert-Ludwigs-Universität Freiburg i. Br.

Cirillo, F. (2013). The Pomodoro Technique (3. Aufl.). FC Garage.

Kleestorfer-Kießling, N., Horn, K., & Buschmeyer, J. (2021). Selbstorganisiertes Lernen in der Praxis am konkreten Beispiel der Qualifizierung für individuelle Lernbegleiter:innen bei der Bundesagentur für Arbeit. GAB Whitepaper. München.

Meichenbaum, D. (2003). Intervention bei Streß. Anwendung und Wirkung des Streßimpfungstrainings. Huber.

Schein, E. H. (2016). Humble Consulting: How to Provide Real Help Faster. Berrett-Koehler Publishers.

Schlüter, A., & Kress, K. (Hrsg.). (2017). Methoden und Techniken der Bildungsberatung. Barbara Budrich.

Skowronek, J., Seifert, A. & Lindberg, S (2023). The mere presence of a smartphone reduces basal attentional performance. Sci Rep 13, 9363. https://doi.org/10.1038/s41598-023-36256-4

Späth, T., & Brender, S. (2021). Coaching-Methodenschatz: Die passende Methode für jedes Anliegen. Mit E-Book inside (Methoden und Techniken – Training, Coaching und Beratung in der Praxis). Beltz.

A – Austauschen

Inhaltsverzeichnis

10.1 Inhalte – 112

10.2 Ebenen und Formate – 113

10.3 Aufgaben des Lernbegleiters – 115

Literatur – 120

© Der/die Autor(en), exklusiv lizenziert an Springer-Verlag GmbH, DE, ein Teil von Springer Nature 2024
J. Sammet, J. Sammet, *Good Learning - Guide zur agilen Lernbegleitung in Unternehmen*,
https://doi.org/10.1007/978-3-662-68512-9_10

> Beim kollaborativen Lernen arbeiten Lernende aktiv zusammen, um gemeinsame Lernziele zu erreichen.

> Kollaboratives Lernen hat eine kognitive, motivationale und organisationale Funktion.

Der Austausch mit anderen wird unter verschiedenen Begriffen zusammengefasst: Social Learning, Peer-Learning, kollaboratives Lernen, Lernen in Netzwerken etc. Jede dieser Bezeichnungen betont eine andere Facette des Austauschs mit anderen. Im Konzept der agilen Lernbegleitung werden unter der Komponente „Austauschen" alle Lernaktivitäten zwischen Lernenden erfasst, die innerhalb eines Lernprozesses informell oder formell, gesteuert oder selbstgesteuert stattfinden. Kollaboratives Lernen ist ein pädagogischer Ansatz, bei dem Lernende aktiv zusammenarbeiten, um gemeinsame Lernziele zu erreichen. Der Ansatz basiert auf der konstruktivistischen Theorie, die besagt, dass Lernen am effektivsten ist, wenn es als sozialer, interaktiver Prozess gestaltet wird (Vygotsky 1978). In vielen Studien wurde die Effektivität kollaborativen Lernens nachgewiesen. Sie zeigen, dass kollaboratives Lernen die kritische Denkfähigkeit verbessert, zu höherer Leistung führt und die Identifikation mit dem Unternehmen fördert (Johnson und Johnson 2009). Kollaboratives Lernen hat eine kognitive, motivationale und organisationale Funktion.

Kognitive Funktion: Indem Lernende sich mit anderen austauschen, profitieren sie gleich zweifach: Erstens partizipieren sie an den Erfahrungen anderer, wodurch sich ihr eigenes bisheriges Wissen erweitert. Zweitens vertiefen sie ihr Verständnis des Gelernten, indem sie ihre eigene Position darlegen und sich mit denen anderer Lernender auseinandersetzen (Rohrbeck et al. 2003).

▶ Beispiel

Marketingmitarbeiterin Tanja und IT-Mitarbeiter Ulf bilden ein Lerntandem innerhalb ihres Lernprozesses zum Thema „Agiles Projektmanagement". Sie bringen unterschiedliche Erfahrungen mit agilen Methoden wie Scrum oder Kanban mit. Um sich über den Input zu Scrum und Kanban auszutauschen, verabreden sie sich in einem Besprechungsraum. Ulf berichtet Tanja in seinen Worten, was er beim Lesen des Lernskripts verstanden hat. Er erzählt auch von seinen Erfahrungen, die er als Mitglied in einem Team innerhalb eines Softwareentwicklungsprojekts mit diesen Methoden gemacht hat. Tanja hört aufmerksam zu und lernt viel von seinen praxisnahen Beispielen für ihren Marketingbereich. Sie äußert Bedenken, ob Scrum in nichttechnischen Projekten, wie denen ihres Marketingteams, angewendet werden kann, und legt ihre Sichtweise dar, basierend auf ihrem bisherigen Verständnis von Projektmanagement. Ulf erklärt ihr seine Ideen, wie Scrum angepasst und auch in nichttechnischen Kontexten angewendet werden kann. Tanja profitiert von Ulfs Erfahrungen und entwickelt erste Anwendungsideen für ihre Praxis. Auch Ulf profitiert, denn er vertieft sein Wissen durch die Wiederholung im Gespräch mit Tanja. Zusätzlich entwickelt er neue Ideen, indem er seine bisherigen Erfahrungen auf einen anderen Bereich überträgt. Außerdem identifiziert er Inhalte, die er noch nicht verstanden hat. Sofern Tanja diese Inhalte verstanden hat, kann sie sie ihm erklären. Der Austausch zwischen den beiden Lernenden führt also zu einer Win-win-Situation. ◄

Motivationale Funktion: Der Austausch mit anderen Lernenden zahlt auch auf das Bedürfnis nach Verbundenheit (vgl. ► Abschn. 2.2.3) als einem der grundlegenden menschlichen Bedürfnisse ein. Im Kontext des Lernens fördert Austausch die Motivation und das Engagement für das Lernen und Umsetzen (Kyndt et al. 2013).

► Beispiel

Zurück zu Ulf und Tanja: Bevor die beiden starteten, die Lerninhalte des Learning Loops für sich zu erschließen, verabredeten sie sich zu einem festen Termin, an dem sie sich über das Gelernte austauschen wollten. Dieser Termin führte bei beiden zu einer Selbstverpflichtung, die Lerninhalte termingerecht zu erschließen, denn keiner von beiden wollte auf den anderen unzuverlässig wirken oder ihn hängen lassen. Also sorgten sie dafür, dass sie für die Auseinandersetzung mit den Lerninhalten Platz in ihren Kalendern fanden. Nur durch diese Priorisierung war es möglich, eine Gesprächsgrundlage zu schaffen, durch die der Termin erst einen Sinn ergab. ◄

Organisationale Funktion: Vernetzung und Austausch sind zentrale Elemente einer lernenden Organisation. Ein regelmäßiger und kontinuierlicher Wissensaustausch zwischen Mitarbeitenden über alle Abteilungsgrenzen hinweg ermöglicht den Aufbau einer kollektiven Wissensbasis. Diese dient dazu, sich schneller an Veränderungen anzupassen und effektiver auf Herausforderungen zu reagieren (Senge 2011).

10.1 Inhalte

Austausch kann inhaltlich entsprechend der verschiedenen Komponenten agiler Lernbegleitung eingesetzt werden, wie die folgenden Beispiel-Szenarien zeigen:

- **Planen:** Die Lernenden können im Austausch miteinander besprechen, warum sie welche Inhalte auf welche Weise lernen möchten.
- **Erschließen:** Die Lernenden können sich gegenseitig Lerninhalte präsentieren (Lernen durch Lehren; Korte et al. 2019) sowie diese im Gespräch wiederholen, um sie zu vertiefen und Unklarheiten aufzuspüren. Dieser Punkt ist eine Möglichkeit, die dritte Phase „Vertiefen" des Lerndiamanten umzusetzen (vgl. Lerndiamant, ▶ Kap. 5). Damit der Austausch effektiv und effizient verläuft, sollten die Lernenden sich vorbereiten, indem sie sich vorab die Inhalte erschließen.
- **Tun:** Die Lernenden können die Lerninhalte gemeinsam üben.
- **Reflektieren:** Die Lernenden können sich über ihre Erfahrungen, die sie beim Tun gemacht haben, austauschen.
- **Auswerten:** Die Lernenden können im Austausch miteinander den Lernprozess und das erreichte Lernergebnis reflektieren.

> ▶ **Beispiel**
>
> Zurück zu Tanja und Ulf und deren Inhalten des Austauschs: Sie starten beide gemeinsam mit dem Lernprozess und finden sich als Lerntandem zusammen. Im ersten Schritt **Planen** schauen sie in ihre Kalender, um Austauschtermine zu finden und zu klären, worüber sie sich austauschen und welche Kanäle sie dafür verwenden möchten. Wie im letzten Beispiel beschrieben, tauschen sie sich, nach dem eigenständigen **Erschließen** der Methoden Scrum und Kanban mithilfe eines Lernskripts, vertiefend über den Input aus. Danach, im Schritt **Tun**, erstellen sie gemeinsam ein Kanban zu einem Projekt ihrer Wahl und gehen in Aktion, indem sie die Schritte abarbeiten. Im Anschluss folgt das **Reflektieren**: Sie tauschen sich über ihre Erfahrungen aus, die sie beim Umsetzen der Post-its auf dem Kanban gesammelt haben. Weil sie feststellen, dass ihnen der Austausch für ihren Wissenszuwachs und ihre Lernmotivation viel gebracht hat, verabreden sie sich auch noch zum **Auswerten** des jeweils eigenen gesamten Learning Loops und der darin enthaltenen gemeinsamen Austauschtreffen. Auf jeder dieser Ebenen können sie sich zusätzlich als Team von ihrem Lernbegleiter begleiten lassen (vgl. ▶ Kap. 9). ◀

10.2 Ebenen und Formate

In einer Organisation lassen sich drei Ebenen unterscheiden, auf denen Lernen stattfindet: individuelles Lernen, Teamlernen und organisationales Lernen (Kortsch et al. 2023). Diese Unterscheidung eignet sich innerhalb des Konzepts der agilen Lernbegleitung zum Einordnen verschiedener Formen des Austauschs. Da es sich im Kontext agiler Lernbegleitung primär um individuelle Lernprozesse handelt, sind hier vor allem die ersten beiden Ebenen relevant.

Individuelle Ebene (I): Diese Ebene konzentriert sich auf den Austausch einzelner Lernender in Zweier- oder Kleingruppensettings. Im vorherigen Beispiel von Tanja und Ulf handelt es sich um diese Kategorie.

Teamebene (T): Auf dieser Ebene vollzieht sich der Austausch innerhalb funktionaler Einheiten. Es geht um die Frage, wie Teammitglieder ihr Wissen und ihre Fähigkeiten teilen, wie sie zusammenarbeiten und voneinander lernen können. Austausch auf der Teamebene fördert die Zusammenarbeit und kann zu innovativen Ideen und Lösungen führen.

Organisationale Ebene (O): Diese Ebene ist darauf ausgerichtet, den Austausch in der gesamten Organisation zu fördern. Durch Aufbrechen des Silodenkens kann das Wissen der gesamten Organisation immens vergrößert werden. Diese Art des Austauschs ist entscheidend für die langfristige Anpassungsfähigkeit und den Erfolg einer Organisation.

Die genannten Ebenen sind miteinander verbunden und beeinflussen sich gegenseitig. Individuelles Lernen ist die Grundlage für Teamlernen und beide tragen zum organisationalen Lernen bei. Umgekehrt kann die Organisation durch ihre Kultur, ihre Strukturen und ihre Politiken das individuelle und das Teamlernen fördern oder behindern (vgl. ▶ Kap. 11). In ◘ Tab. 10.1 finden Sie einige Beispielformate zur Gestaltung des Austauschs auf den entsprechenden Ebenen.

Über die genannten Austauschformate hinaus gibt es eine Vielzahl weiterer Formate, denen im Rahmen der agilen Lernbegleitung aufgrund ihrer abweichenden Struktur eine untergeordnete Rolle zukommt. Beispiele sind „Working Out Loud" (Stepper 2015) und „Learning Circles" (Wiencke 2021), bei denen der Austausch auf Leitfäden basiert und in Lerntandems oder kleinen Gruppen innerhalb kontinuierlicher Treffen stattfindet.

Die drei Ebenen des Lernens sind das individuelle Lernen, das Teamlernen und das organisationale Lernen.

Auf der individuellen Ebene geschieht der Austausch einzelner Lernender.

Auf der Teamebene vollzieht sich der Austausch funktionaler Einheiten.

Auf der organisationalen Ebene wird der Austausch in der gesamten Organisation gefördert.

Für die Gestaltung des Austauschs bieten sich verschiedene Formate an.

◻ **Tab. 10.1** Austauschen: Formate und ihre Eignung für die individuelle (I), Team- (T) und organisationale (O) Ebene

Formate	I	T	O
Tandemlernen/Buddy Learning: Dieses Format basiert auf dem Austausch zwischen zwei Lernenden oder innerhalb einer kleinen Lerngruppe. Der Austausch kann im physischen wie im virtuellen Raum und dort synchron und/oder asynchron (zum Beispiel per Messengerdienst) stattfinden.	x	x	
Peer Learning Chain: Bei dieser Methode unterstützt ein Lernender A einen Lernenden B, der wiederum einen Lernenden C unterstützt, über die Dauer eines Lernprozesses. Die klare Trennung der Rollen sorgt dafür, dass jeder Lernende sowohl Unterstützung gibt als auch erhält.	x	x	
Lean Coffee: Hierbei handelt es sich um ein strukturiertes, aber agendaloses Meetingformat, das schnelle und effiziente Diskussionen ermöglicht. Teilnehmende sammeln zu Beginn Themen, über die sie sprechen möchten, und stimmen dann ab, welche Themen priorisiert werden sollen. Die Diskussionen sind zeitlich begrenzt, was zu fokussierten und produktiven Gesprächen führt.	x	x	x
Walk and Learn/Lunch and Learn: Diese Formate kombinieren Lernen mit alltäglichen Aktivitäten wie Spazierengehen oder Mittagessen. Walk and Learn bietet den Vorteil, dass die körperliche Aktivität zu einer entspannten, offenen Gesprächsatmosphäre beitragen kann, während Lunch and Learn einen Austausch ohne Beanspruchung zusätzlicher Arbeitszeit ermöglicht. Beide Formate können synchron sowohl im physischen als auch im virtuellen Raum stattfinden.	x	x	
Kollegiale Beratung: Diesem Format liegt ein strukturierter Prozess zugrunde, bei dem eine Lerngruppe sich gegenseitig berät und unterstützt. Ein Fallgeber schildert ein Problem und die Gruppe bietet Perspektiven, Feedback und Lösungsvorschläge an. Kollegiale Beratung findet klassischerweise synchron im physischen und virtuellen Raum statt.	x	x	
Community of Practice (CoP): Eine Gruppe von Lernenden, die ein gemeinsames Interesse oder eine Leidenschaft teilt, trifft sich regelmäßig, um Wissen auszutauschen, zu lernen und sich in diesem Bereich weiterzuentwickeln. Der Austausch kann sowohl physisch als auch virtuell synchron oder asynchron erfolgen.			x
Barcamp: Dabei handelt es sich um ein offenes Konferenzformat mit Workshops, deren Inhalte und Ablauf von den Teilnehmenden zu Beginn der Veranstaltung selbst entwickelt und gestaltet werden. Barcamps fördern den Austausch und die Diskussion über verschiedene Themen in einer offenen und partizipativen Umgebung. Sie finden sowohl im physischen als auch im virtuellen Raum und dort synchron statt.		x	x
Posting in internen Netzwerken (ESN): Das Veröffentlichen von Beiträgen oder Kommentaren in internen sozialen Netzwerken einer Organisation fördert den Wissensaustausch, die Vernetzung und die Zusammenarbeit innerhalb der Organisation. Der Austausch ist hier in der Regel asynchron, es sei denn, es handelt sich um ein Streamingformat. Darüber hinaus können auch externe Netzwerke wie LinkedIn zur Förderung dieser interaktiven und kollaborativen Prozesse genutzt werden.			x
Fuck-up Nights: Bei diesen Veranstaltungen teilen Menschen ihre Misserfolge und Fehler in einer offenen und oft öffentlichen Umgebung, um aus diesen Erfahrungen zu lernen und eine Kultur der Offenheit und des Lernens aus Fehlern zu fördern.			x

Tab. 10.1 (Fortsetzung)

Formate	I	T	O
Interne Trainingssessions: Mitarbeitende bieten unternehmensweit kurze Trainingssessions an. Das hat einen doppelten Effekt: Die internen Experten vermitteln nicht nur Wissen, sondern lernen auch selbst durch die Vorbereitung und die Fragen der Teilnehmenden. Ein zusätzlicher Effekt dieser Sessions ist die Verbesserung der internen Netzwerke der Mitarbeitenden. Ein bekanntes Beispiel hierfür ist „Googler2Googler" (G2G), wobei interne Mitarbeitende für andere „Googler" Trainingssessions anbieten. Im Jahr 2013 veranstaltete Google etwa 2200 solcher Sessions mit einem internen Pool von rund 3000 Trainern, die insgesamt mehr als 110.000 Teilnahmen verzeichneten (Bock 2015). Im deutschsprachigen Raum sind ähnliche Initiativen wie #wDw – „Wenn DATEV wüsste, was DATEV weiß" (Kortsch et al. 2023) oder LEX – „Lernen von Experten" der Deutschen Telekom bekannt (Ebner 2020).			x

10.3 Aufgaben des Lernbegleiters

Viele der genannten Austauschformate bedürfen einer klugen Vorbereitung und Durchführung. Hier kommt dem Lernbegleiter eine entscheidende Rolle zu. Er hat die Aufgabe, den Rahmen für den Austausch zu gestalten und den Prozess zielgerichtet zu steuern. Folgende Aspekte sind zu beachten:

Räume für Austausch schaffen: Schaffen Sie analoge und digitale Räume, in denen Begegnung und Austausch stattfinden können. Damit solche Räume auch tatsächlich genutzt werden, müssen sie einfach erreichbar sein. Vor allem für digitale Angebote meint „erreichbar" eine wirklich niedrige Schwelle des Eintritts wie etwa: „Zwei Klicks ohne Anmeldung." Der Lernbegleiter sollte hier als Ansprechpartner bereitstehen und die Lernenden auch bei technischen Fragen unterstützen, um solche Formate effektiv nutzen zu können. Möchte der Lernende zum Beispiel einen Beitrag in den sozialen Medien teilen und hat damit noch keine Erfahrung, dann geben Sie Starthilfe, etwa mit einer Schreibstruktur, den Möglichkeiten des Taggens und Setzens von Hashtags etc. Kommunizieren Sie auch den Nutzen des Austauschs für den Lernprozess gegenüber den Lernenden. In unserer Praxis machen wir immer wieder die Erfahrung, dass dieser Nutzen nicht immer bewusst ist und er daher dem Tagesgeschäft zum Opfer fällt.

Analoge und digitale Räume für den Austausch müssen einfach erreichbar sein.

Klaren Rahmen vorgeben: Setzen Sie einen klaren Rahmen mit sinnvollen Strukturen. Lassen Sie aber auch genug Freiraum, in dem die Lernenden entscheiden können, wie sie die-

Ein klarer Rahmen mit sinnvollen Strukturen unterstützt den Austausch.

sen nutzen. Bei live stattfindenden (synchronen) Austauschformaten mit mehreren Lernenden empfiehlt es sich, zunächst den Rahmen „in Person" zu stellen, also selbst als Gastgeber anwesend zu sein. Dies gibt einerseits den Lernenden die nötige Sicherheit und andererseits haben Sie die Gelegenheit, wertvolle Erfahrungen mit dem Austauschformat zu sammeln. Hat sich das Format etabliert, kann es ausreichen, den Rahmen in Form eines Leitfadens zur Verfügung zu stellen, an dem die Lernenden sich orientieren und in verteilten Rollen (zum Beispiel Moderator, Zeitnehmer) agieren können.

Klären Sie zu Beginn das Setting, damit die Lernenden in der Lage sind, sich voll auf den Austausch zu konzentrieren. Schaffen Sie hierfür Transparenz hinsichtlich des Inhalts, des Prozesses und der Gruppe:

- *Inhalt:* Nennen Sie Ziel und Thema des Austauschs und machen Sie auch transparent, was nicht Ziel und Thema ist.
- *Prozess:* Informieren Sie die Lernenden darüber, wie der Austausch abläuft. Lernende möchten Bescheid wissen, was ihre Rollen und Aufgaben sind und welche Regeln gelten, zum Beispiel, ob man sich per Du oder Sie anspricht. Formulieren Sie Vereinbarungen so konkret wie möglich, etwa „Statements statt Referate" oder „Jeder Beitrag ist wichtig". In asynchronen Lernformaten hilft eine Netiquette, sich angemessen mitzuteilen. In synchronen Settings sind zusätzlich noch organisatorische Aspekte interessant wie Pausenzeiten und die Dokumentation der Veranstaltung.
- *Gruppe:* Lernende möchten wissen, mit wem sie es zu tun haben. Dies ist eine wichtige Voraussetzung dafür, sich gerne mitzuteilen. Kennen die Lernenden sich nicht, starten Sie immer mit einer Kennenlernrunde. Bestenfalls sind sich die Lernenden sympathisch. Sympathie wird durch Gemeinsamkeiten gefördert. Fokussieren Sie daher in synchronen wie in asynchronen Vorstellungsrunden methodisch auf das Finden von Gemeinsamkeiten in der Gruppe.

> Feste Rituale und Abläufe helfen bei wiederkehrenden Austauschformaten.

Etablieren Sie feste Rituale und Abläufe, wenn Austauschformate wiederkehrend stattfinden, zum Beispiel eine Check-in- und Blitzlichtroutine. Ein Check-in ist ein kurzer angeleiteter Smalltalk zu Beginn, etwa zur Frage „Worüber habt ihr euch heute schon gefreut?", und hilft, das Eis zu brechen. Beim Blitzlicht handelt es sich um eine Methode, bei der jeder Lernende die Möglichkeit hat, ein „kurzes und erhellendes" Statement zum aktuellen Befinden abzugeben, beispielsweise: „Wie zufrieden bin ich bisher mit dem Prozess und/oder der Atmosphäre?" Wichtig dabei ist, dass die Statements nicht kommentiert oder diskutiert werden.

10.3 · Aufgaben des Lernbegleiters

Formulieren Sie klare Fragen und Arbeitsaufträge: Eine klare Struktur im Arbeitsauftrag, vor allem in Bezug auf die Fragestellung, ist ebenfalls wichtig, damit der Austausch zum Ziel führt. Um einen Arbeitsauftrag zum Zwecke des Austauschs zu konkretisieren, ist es hilfreich, folgende Punkte zu durchdenken: *Wer* [Austausch im Plenum, in der Kleingruppe oder im Tandem] *soll sich worüber* [konkrete Frage] *wie* [schriftlich im Forum, im physischen oder virtuellen Gruppenraum, nur verbal oder dokumentiert, wie lange] *austauschen?*

Klare Fragen und Arbeitsaufträge sind zielführend.

▶ **Beispiel**

Als der Lernbegleiter Tanja und Ulf in einem Kennenlernmeeting zu einem Learning-Buddy-Tandem zusammenführte, gab er ihnen am Ende die Aufgabe, sich für ein erstes Planungsmeeting zu verabreden. Er händigte ihnen auch einen Leitfragenkatalog aus, den sie in diesem Meeting durchgehen sollten, um ihre Austausche effizient und effektiv zu planen. Dieser Termin, mit dem die beiden ihr Kennenlernmeeting verließen, war eine Starthilfe, um den Austausch zwischen den beiden zum Laufen zu bringen. ◀

Förderliche Austauschatmosphäre gestalten: Eine positive Atmosphäre ist für einen gelungen Austausch entscheidend. Viele Lernende haben Hemmungen, sich im Austausch zu zeigen: Darf ich hier wirklich einen Beitrag posten? Oder: Wie werden die anderen Anwesenden meinen Wortbeitrag wohl finden? Was werden sie über mich denken? Klare Strukturen sind die Voraussetzung, dass solche Hemmungen abgebaut werden und sich „psychologische Sicherheit" entfalten kann (Edmondson 2020). Zusätzlich können Sie noch weitere Maßnahmen ergreifen:

Eine positive Atmosphäre ist für einen gelungenen Austausch entscheidend.

Entscheidend ist der Start: Für die „psychologische Sicherheit" ist besonders der Aspekt der Vertraulichkeit entscheidend. Gerade bei sensiblen Themen ist eine Verschwiegenheitsvereinbarung mit der Gruppe sinnvoll. Bewährt hat sich hier die „Las-Vegas-Rule": Was in Vegas geschieht, bleibt in Vegas. Auch die klare Kommunikation der „Erlaubnis" durch die Führungskraft, an dem Austauschformat teilzuhaben, kann dazu beitragen, Hemmungen abzubauen. Um den Einstieg zu erleichtern, kann der Lernbegleiter gezielt „Friendly Early User" ansprechen, die gewillt sind, den Anfang zu machen und das Eis zu brechen.

Eine Verschwiegenheitsvereinbarung mit der Gruppe ist sinnvoll.

Seien Sie „Role-Model": Sie müssen sich bewusst sein, dass Sie Vorbild sind und dass Ihr eigenes Verhalten widerspiegelt, was „erlaubt" ist und was nicht. Wertschätzung, Humor und die Schilderung eigener Lernerfahrungen, zum Beispiel durch Fehler, sind hier wichtige Aspekte, um eine Kultur der Offenheit zu fördern.

Als „Role-Model" ist der Lernbegleiter ein Vorbild.

> Aufgabe des Lernbegleiters als Moderator ist, eine „Metaperspektive" auf den Prozess des Austauschs einzunehmen.

Aktive Moderation: Nehmen Sie die Moderatorenrolle aktiv an und nehmen Sie sie auch ein: Die meisten Austauschformate sind – zumindest am Anfang – keine Selbstläufer, sondern erfordern Strukturierung und Steuerung durch einen Moderator. Dessen Aufgabe ist es, eine „Metaperspektive" auf den Prozess einzunehmen. Fehlt eine solche regulierende Rolle, kann das schnell dazu führen, dass sich die Diskussionen in unerquickliche Detaildebatten verlieren oder dass einzelne Teilnehmende die Diskussion dominieren. Der Lernbegleiter als Moderator sollte ein klares Rollenverständnis entwickeln und eindeutig zwischen Prozess und Inhalt unterscheiden. Der beste Experte ist selten auch der beste Moderator für ein Thema, da ihm die notwendige inhaltliche Zurückhaltung am schwersten fällt.

> Gute Moderation erfordert stets eine Balance aus Steuerung und Laufenlassen.

Gute Moderation erfordert stets eine Balance aus Steuerung und Laufenlassen. Eine Überbetonung einer der beiden Komponenten kann kontraproduktiv sein: Übertreibt der Lernbegleiter es mit der Steuerung, so kann es passieren, dass er wichtige Ideen der Lernenden aufgrund der fortgeschrittenen Zeit im Keim erstickt. Lässt er Diskussionen, die sich zu weit vom eigentlichen Thema wegbewegen, laufen, so besteht die Gefahr, dass das Zeitmanagement aus den Fugen gerät und wichtige Schritte des geplanten Prozesses ausgelassen werden müssen. Stellen Sie außerdem auch sicher, dass jeder Teilnehmende die Möglichkeit hat, sich zu äußern. Dies kann durch strukturierte Diskussionen oder die sanfte Ermutigung stillerer Teilnehmender geschehen (Groß 2021).

Ein bewährtes Hilfsmittel ist „Timeboxing": Jeder Agendapunkt bekommt ein klar strukturiertes und definiertes Zeitfenster. Ein Überschreiten dieser „Timebox" ist nur mit Zustimmung aller Teilnehmenden möglich. Die Einbindung der Lernenden in den Prozess, beispielsweise durch die Übernahme von Rollen wie Zeitnehmer oder Protokollant, fördert das Engagement und die Verantwortung innerhalb der Gruppe und kann den Moderator bei seiner anspruchsvollen Aufgabe entlasten.

> In „schwierigen Situationen" kann das Drei-W-Feedback hilfreich sein.

Trotz der besten Vorbereitung kann es zu „schwierigen Situationen" kommen: Diskussionen werden hitzig, Spannungen treten auf, man fällt sich ins Wort oder trifft unangemessene Bewertungen. In diesen Momenten ist es entscheidend, dass der Lernbegleiter in seiner Funktion als Moderator aufmerksam und proaktiv handelt. Ein schnelles Eingreifen durch Ansprechen der Situation verhindert, dass solche Verhaltensweisen die positive Atmosphäre dauerhaft

10.3 · Aufgaben des Lernbegleiters

beeinträchtigen. Das Drei-W-Feedback (vgl. ▶ Abschn. 7.2) kann eine gute Struktur bieten, um hier die passenden Worte zu finden.

> ▶ **Beispiel**
>
> Lernbegleiterin Erika moderiert eine Austauschsession innerhalb eines Teams. Anwesend ist auch Führungskraft Berthold, der sich in einem Wortbeitrag viel Raum nimmt und auch zu einem anderen Thema abschweift. Erika interveniert, indem sie eine Atempause von Berthold abwartet, um das Ruder wieder zu übernehmen. Sie fasst kurz zusammen, was Berthold gesagt hat, um seinen Wortbeitrag wertzuschätzen, unterbricht den bisherigen Blickkontakt, indem sie eine andere Person im Raum anschaut und stellt eine weiterführende Frage an einen bisher eher zurückhaltenden Teilnehmenden. ◀

Austauschformate und Lernende matchen: Nicht jeder Lernende tauscht sich gerne auf die gleiche Art und Weise aus. Berücksichtigen Sie deshalb die unterschiedlichen Präferenzen, indem Sie verschiedene Austauschmöglichkeiten aufzeigen.

Austauschformate und Lernende müssen jeweils zueinander passen.

> ▶ **Beispiel**
>
> Während Mitarbeiterin Jennifer aus der Unternehmenskommunikation es genießt, unter Menschen zu sein, und auch keine Hemmungen hat, ihre Erfahrungen in einer Gruppe zu teilen, ist Mitarbeiter Bernd aus dem Controlling etwas zurückhaltender. Er durchdenkt gerne erst gründlich Sachverhalte für sich, bevor er sie mit anderen teilt. Für beide Austauschpräferenzen gibt es passende Formate: So schließt sich Jennifer einer Lerngruppe an, die sich regelmäßig trifft. Bernd hingegen wählt das Posten von Beiträgen in den sozialen Medien, um auf diese Weise den Lerninhalt schriftlich zu reflektieren und mit anderen zu teilen. Durch die Kommentare seiner Leser kann er asynchron an den Gedanken und Erfahrungen der anderen partizipieren. ◀

Austausch ist im Lernprozess unerlässlich. Kollaboratives Lernen darf aber auch nicht überbewertet werden: Es ersetzt weder das gezielte Erschließen von Lerninhalten noch die aktive Anwendung oder die individuelle Reflexion. Die verschiedenen Formen des Austauschs bieten die Möglichkeit, Wissen zu erweitern und zu vertiefen, setzen aber auch voraus, dass Lernende bereit sind, sich aktiv einzubringen und ihre Erfahrungen zu teilen. Der Lernbegleiter spielt dabei eine

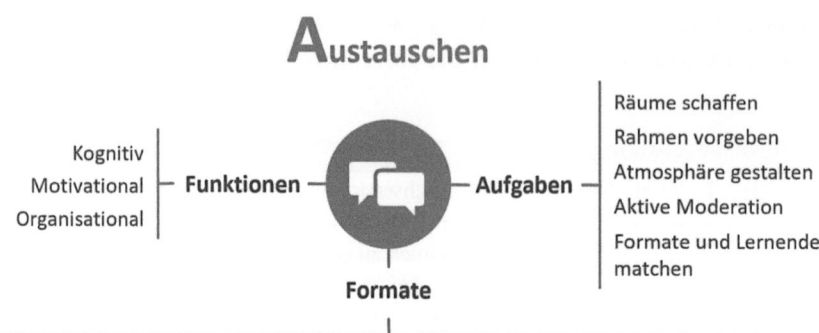

Abb. 10.1 Austauschen – Zusammenfassung

Schlüsselrolle, indem er geeignete Rahmenbedingungen schafft und den Austausch moderiert, ohne ihn zu dominieren. Die Herausforderung besteht darin, die Selbststeuerung der Lernenden zu fördern, ohne dabei die Richtung und Qualität des Lernprozesses aus den Augen zu verlieren (◘ Abb. 10.1).

Literatur

Bock, L. (2015). Work rules!: Insights from Inside Google That Will Transform How You Live and Lead. Hachette UK.

Ebner, W. (2020). Kleine Idee, große Wirkung: Die Erfolgsgeschichte von LEX – Lernen von Experten. Telekom Blog. https://www.telekom.com/de/blog/konzern/artikel/lernen-von-experten-lexdie-erfolgsgeschichte-615210. Zugegriffen: 14. Juni 2023.

Edmondson, A. C. (2020). Die angstfreie Organisation: Wie Sie die psychologische Sicherheit am Arbeitsplatz für mehr Entwicklung, Lernen und Innovation schaffen (M. Kauschke, Übers.). Verlag Franz Vahlen.

Groß, S. (2021). Moderationskompetenzen: Kommunikationsprozesse in Gruppen zielführend begleiten (2. Aufl.). Springer Gabler.

Johnson, D. W., & Johnson, R. T. (2009). An Educational Psychology Success Story: Social Interdependence Theory and Cooperative Learning. Educational Researcher, 38, 365–379. https://doi.org/10.3102/0013189X09339057

Korte, M., Karrie, S., Köster, R.W. (2019). Lernen durch Lehren: Teach It Forward auf drei Wegen. In: Kauffeld, S., Othmer, J. (eds) Handbuch Innovative Lehre. Springer, Wiesbaden. https://doi.org/10.1007/978-3-658-22797-5_30

Kortsch, T., Kaiser, C., & Stüve, T. (2023). Transformation durch Lernen: Wie die Unternehmenstransformation der DATEV eG mit verschiedenen Dialog- und Lernformaten gestaltet wird. Gruppe. Interaktion. Organisation. Zeitschrift für Angewandte Organisationspsychologie (GIO), 54, 403–410. https://doi.org/10.1007/s11612-023-00698-1

Kyndt, E., Raes, E., Lismont, B., Timmers, F., Cascallar, E., & Dochy, F. (2013). A meta-analysis of the effects of face-to-face cooperative learning. Do recent studies falsify or verify earlier findings? Educational Research Review, 10, 133–149. https://doi.org/10.1016/j.edurev.2013.02.002

Rohrbeck, C. A., Ginsburg-Block, M. D., Fantuzzo, J. W., & Miller, T. R. (2003). Peer-assisted learning interventions with elementary school students: A meta-analytic review. Journal of Educational Psychology, 95(2), 240–257. https://doi.org/10.1037/0022-0663.95.2.240

Senge, P. M. (2011). Die fünfte Disziplin: Kunst und Praxis der lernenden Organisation (11. Aufl.). Klett-Cotta.

Stepper, J. (2015). Working Out Loud: For a better career and life. Ikigai Press.

Vygotsky, L. S. (1978). Mind in society: Development of Higher Psychological Processes. Harvard University Press.

Wiencke, M. (2021). Selbstorganisiertes Lernen mit Peer Learning Circles. LernXP Blog. Abgerufen am 12. Dezember 2023, von https://lernxp.de/2021/03/14/selbstorganisiertes-lernen-mit-peer-learning-circles/

L – Lernkultur

Inhaltsverzeichnis

11.1 Dimensionen – 124

11.2 Stakeholdermanagement – 127

11.3 Lernmarketing – 131

Literatur – 134

© Der/die Autor(en), exklusiv lizenziert an Springer-Verlag GmbH, DE, ein Teil von Springer Nature 2024
J. Sammet, J. Sammet, *Good Learning - Guide zur agilen Lernbegleitung in Unternehmen*,
https://doi.org/10.1007/978-3-662-68512-9_11

Agile Lernbegleitung findet nie in einem luftleeren Raum statt. Sie hat Schnittstellen zu den bereits etablierten Formen betrieblichen Lernens in der jeweiligen Organisation und sie ist stets eingebettet in den noch größeren Rahmen von Strukturen, Prozessen, Strategien und die Kultur einer Organisation. Oft scheitern Lernprozesse nicht aufgrund des didaktischen Designs oder mangelnder Motivation der Lernenden, sondern weil die organisatorischen Rahmenbedingungen das Lernen erschweren oder sogar verhindern.

11.1 Dimensionen

> Der Begriff „Lernkultur" fasst alle lernrelevanten Aspekte einer Organisation zusammen.

Der Begriff der „Lernkultur" fasst alle lernrelevanten Aspekte einer Organisation zusammen. Er beinhaltet eine Vielzahl von Dimensionen, von der individuellen Lernbereitschaft der Mitarbeitenden bis hin zu organisationalen Rahmenbedingungen, die das Lernen fördern oder hemmen können. Für die Analyse dieser komplexen Struktur gibt es verschiedene Ansätze (Marsick und Watkins 2003). Die von Sonntag und Stegmaier (2008) identifizierten neun Dimensionen der Lernkultur bieten ein umfassendes Framework, um die Lernkultur in einer Organisation zu analysieren und zu fördern. Im Kontext der agilen Lernbegleitung sind diese Dimensionen besonders wertvoll, da sie helfen, die notwendigen Stellhebel für eine erfolgreiche Durchführung zu identifizieren. Jede Dimension beleuchtet spezifische Aspekte der Lernkultur, die für die Implementierung und Effektivität agiler Lernbegleitung entscheidend sein können.

> Die neun Dimensionen der Lernkultur von Sonntag und Stegmaier (2008) bieten ein umfassendes Framework und sind im Kontext der agilen Lernbegleitung besonders wertvoll.

Indem sie diese Dimensionen betrachten, können Organisationen erkennen, in welchen Bereichen sie bereits gut aufgestellt sind und wo Verbesserungsbedarf besteht. Dies kann von der Gestaltung der Lernumgebung über die Rolle der Führungskräfte bis hin zu den organisatorischen Rahmenbedingungen reichen. Die Subdimensionen ermöglichen eine noch detailliertere Analyse und bieten konkrete Ansatzpunkte für Entwicklungsmaßnahmen. Auch diese Dimensionen können für agile Lernbegleitung genutzt werden. In der Praxis bedeutet das, dass Organisationen, die agile Lernbegleitung einführen möchten, sie als Leitfaden verwenden können, um ihre Lernkultur systematisch zu bewerten und gezielt zu entwickeln. ◘ Tab. 11.1 bietet eine detaillierte Beschreibung der verschiedenen Dimensionen mit deren Relevanz für die agile Lernbegleitung.

> Die Lernkultur ist ein Teilaspekt der übergeordneten Unternehmenskultur.

Die Lernkultur eines Unternehmens besteht aus dem komplexen Zusammenspiel dieser verschiedenen Elemente und ist ein Teilaspekt der übergeordneten Unternehmenskultur. Sie

11.1 · Dimensionen

Tab. 11.1 Lernkultur: Dimensionen der Lernkultur nach Sonntag und Stegmaier (2008)

Dimension	Subdimensionen	Bedeutung für agile Lernbegleitung
(1) Lernen als Teil der Unternehmensphilosophie	Lernorientierte Leitlinien: Erfassen der Leitlinien und Erwartungen bezüglich des Lernverhaltens Erwartungen an lernende Mitarbeitende: Betonung der individuellen Verantwortung für Lernen und Kompetenzentwicklung, Förderung des Lernens aus Fehlern	Agile Lernbegleitung erfordert Veränderung auf vielen Ebenen, besonders wichtig ist die Rückendeckung durch das Management; einfacher, wenn Lernen Teil der Unternehmensstrategie ist.
(2) Rahmenbedingungen für Lernen im Unternehmen	Organisationsstrukturen: flache Hierarchien, Mitwirkungsmöglichkeiten, flexible Arbeitszeiten Entgelt- und Anreizsysteme: Leistungsorientierung, Individualisierung, Berücksichtigung von Kompetenz und Lernfähigkeit	Agile Lernbegleitung erfordert eine Neubewertung von Lern- und Arbeitszeit. Lernzeit ist ein wichtiger Aspekt.
(3) Aspekte der Personalentwicklung (PE)	Reichweite und Nutzung von PE-Maßnahmen: Förderung der Kompetenzentwicklung, Verankerung arbeitsorientierter Lernformen Unterstützung durch PE: Dezentralisierung der Personalentwicklung	Agile Lernbegleitung findet on/near the Job statt, im Gegensatz zu klassischer Personalentwicklung (off the Job). Wichtig ist die Koordination beider Angebote – Ambidextrie.
(4) Formalisieren der Kompetenzentwicklung	Messung und Dokumentation von Kompetenzen: Stellenbeschreibungen mit Kompetenzprofilen, Zertifizierung von Kompetenzen	Hauptaufgabe agiler Lernbegleitung ist es, den Kompetenz-Gap (vgl. ▶ Abschn. 2.1.1) zu schließen. Hier können auch formalisierte Kompetenzmodelle hilfreich sein.
(5) Lernatmosphäre und Unterstützung durch Kollegen	Förderliche Lernatmosphäre: Schaffen einer Umgebung, die gegenseitige Hilfe und konstruktiven Umgang mit Kritik unterstützt	Dies ist entscheidend für agile Lernbegleitung, vor allem bei Peer-Feedback und dem Ausprobieren neuer Lernformen.
(6) Lernorientierte Führungsaufgaben	Vorbildwirkung der Führungskraft und Vereinbaren von Lernzielen: Führungskräfte als Multiplikatoren und Unterstützer im Lernprozess, die Lernmöglichkeiten aufzeigen und Feedback geben	Ohne Rückendeckung durch die Führungskraft kann agile Lernbegleitung scheitern.

(Fortsetzung)

● Tab. 11.1 (Fortsetzung)

Dimension	Subdimensionen	Bedeutung für agile Lernbegleitung
(7) Information und Partizipation	Informationswege und Möglichkeiten: effektive Informations- und Kommunikationsstrukturen für lernförderlichen Wissensaustausch Lernen durch Wissensaustausch: Fördern des Austauschs und Teilens von Wissen innerhalb der Organisation	Förderung des Community-Gedankens in der agilen Lernbegleitung
(8) Wissensaustausch des Unternehmens mit der Umwelt	Nutzen von interorganisationalen Netzwerken und externen Kontaktmöglichkeiten: Förderung des interorganisationalen Lernens durch Austausch mit externen Partnern	Wissensinput und organisationales Lernen in Communities sind zentral für agile Lernbegleitung
(9) Lern- und Entwicklungsmöglichkeiten im Unternehmen	Formen des Lernens und Anwenden des Gelernten sowie Transfersicherung: Integration von Lernen und Arbeiten, Förderung selbstgesteuerten und gruppenbezogenen Lernens sowie des Einsatzes neuer Medien	Organisation authentischer Probleme ist wesentlich für die agile Lernbegleitung

kann deswegen auch nicht einfach gezielt verändert werden. Zwar können Impulse gesetzt werden; was diese Impulse tatsächlich bewirken, lässt sich schlecht exakt vorhersehen. Wie bei jeder Form von Kulturarbeit (Schein 2010) gibt es zwei Vorgehensweisen, die in der Praxis auch oft parallel verfolgt werden können:

1. **Top-down:** Ähnlich wie bei anderen Veränderungsprozessen wird hier eine zunächst umfassende Analyse und Standortbestimmung durchgeführt. Es folgen das Formulieren eines Zielbilds, das Bestimmen von Handlungsfeldern und das Ausarbeiten konkreter Maßnahmen. Obwohl dieser Ansatz theoretisch ideal ist, stößt er in der Praxis der agilen Lernbegleitung oft an Grenzen. Ein solches Vorgehen erfordert umfangreiche Abstimmungs- und Entscheidungsprozesse im Vorfeld, die das Topmanagement, Führungskräfte, den Betriebsrat und andere wichtige Stakeholder einbeziehen. Diese Prozesse können zeitaufwendig und komplex sein, was in einem Umfeld, das Flexibilität und schnelle Anpassungsfähigkeit erfordert, zu Herausforderungen führen kann.

   > Ein Vorgehen top-down bei Veränderungsprozessen erfordert umfangreiche Abstimmungs- und Entscheidungsprozesse im Vorfeld.

2. Bei der **Bottom-up-Strategie** oder „**Graswurzelbewegung**" werden Veränderungen ohne einen expliziten Auftrag von oben initiiert. Es geht darum, „einfach mal an einigen Stellen anzufangen und zu schauen, was passiert". Diese Art der Veränderung beginnt an der Basis, also direkt bei den Mitarbeitenden oder einzelnen Teams, und wird typischerweise mit einem Pilotprojekt gestartet. Dieses Pilotprojekt wird dann iterativ weiterentwickelt. Im Folgenden stellen wir Ihnen dazu einige konkrete Stellhebel vor (Kluge und Kluge 2020).

   > Bei der Bottom-up-Strategie werden Veränderungen ohne einen expliziten Auftrag von oben initiiert; Start ist ein Pilotprojekt.

11.2 Stakeholdermanagement

Bei der Entwicklung einer agilen Lernkultur ist es entscheidend, alle relevanten Stakeholder einzubeziehen. Dies schließt nicht nur das Topmanagement und die Führungskräfte ein, sondern auch die IT, Mitarbeitende, den Betriebsrat und möglicherweise externe Partner. Je mehr Stakeholder eingebunden sind, desto erfolgversprechender sind die Lerninitiativen (Bamberry et al. 2015). Ein bewährtes Instrument in diesem Prozess ist die Stakeholderanalyse, die folgende Fragen umfasst:

- Auf welche Stakeholder wird agile Lernbegleitung einen Einfluss haben?
- Welche Bedürfnisse hat der Stakeholder in Bezug auf agile Lernbegleitung?

> In die Entwicklung einer agilen Lernkultur sollten alle relevanten Stakeholder einbezogen werden.

– Was benötigen Sie von dem Stakeholder, um agile Lernbegleitung umzusetzen?
– Wie hoch ist der mögliche Einfluss des Stakeholders?
– Wie stark ist das Interesse des Stakeholders?

Um einen Überblick zu gewinnen, sollten die Ergebnisse dieser Analyse in eine entsprechende Grafik übertragen werden (◘ Abb. 11.1).

Eine erweiterte Option des Stakeholdermanagements bietet **Co-Creation** (Galvagno und Dalli 2014). Der Grundgedanke ist, dass nicht zunächst ein Angebot entwickelt wird, das dann im Anschluss von den Stakeholdern unterstützt oder genutzt wird, sondern die Stakeholder von Anfang an bei der Entwicklung des Lernangebots mitwirken. Bei Co-Creation werden Stakeholder zu aktiven Mitgestaltern. Eine solche frühzeitige und dauerhafte Beteiligung bietet mehrere Vorteile. Hewett und Shantz (2021) haben diese Vorteile für das Verhältnis zwischen HR und Stakeholdern untersucht: Zum einen werden HR-Maßnahmen effektiver, da von Anfang an die Performanceperspektive der Stakeholder einbezogen wird und die Bedürfnisse der Nutzer besser erfüllt werden können. Zudem zeigen die Stakeholder ein höheres Engagement für die gemeinsam entwickelten HR-Maßnahmen und die Wahrscheinlichkeit steigt, dass die Maßnahmen auch tatsächlich in der

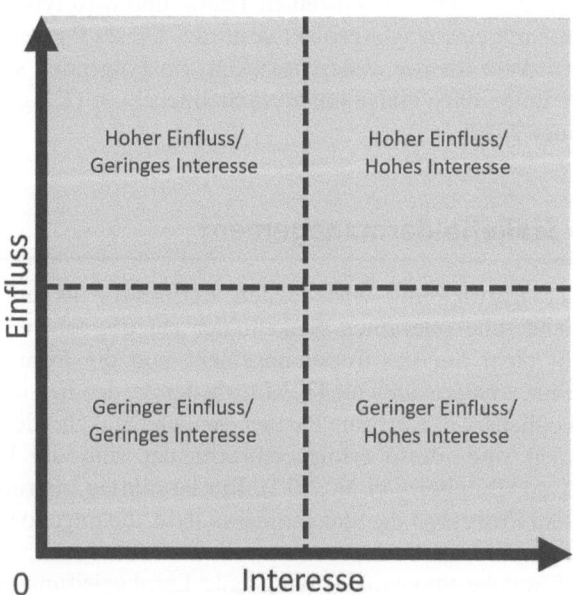

◘ **Abb. 11.1** Lernkultur: Stakeholderanalyse

11.2 · Stakeholdermanagement

Praxis umgesetzt werden. Schließlich führt Co-Creation zu einem Vertrauensaufbau und psychologischer Sicherheit zwischen Stakeholdern und HR, was wiederum die Bedingungen für weitere Co-Creation-Aktivitäten verbessert.

Topmanagement und **Führungskräfte** spielen eine Schlüsselrolle bei der Einführung und Förderung einer agilen Lernkultur. Sie sollten als Vorbilder, Sponsoren und Befürworter der agilen Lernkultur agieren. Von ihnen hängt nicht nur ab, welche Ressourcen den Lernenden für ihr Lernvorhaben zur Verfügung stehen, sondern auch, wie sicher sie sich fühlen, Risiken einzugehen und Fehler zu machen. Fehler sind in Lernprozessen unvermeidlich und sollten nicht als Versagen, sondern als Chance zur Verbesserung betrachtet werden. Bei den Ressourcen ist die Lernzeit oft der limitierende Faktor. Eine Freistellungsregelung für den Lernprozess kann hier hilfreich sein.

> Topmanagement und Führungskräfte spielen eine Schlüsselrolle bei der Einführung und Förderung einer agilen Lernkultur.

Allerdings müssen die Führungskräfte zunächst von den Vorteilen einer agilen Lernkultur überzeugt werden. Wie im Konzept des Business-Gap (vgl. ▶ Abschn. 2.1.2) beschrieben, ist dies nicht immer einfach, da die Welten von Business und Lernen oft unterschiedliche Sprachen sprechen. Es ist daher entscheidend, den Nutzen für Performance und Wertschöpfung klar herauszustellen. Studien zeigen einen klaren Zusammenhang zwischen einer starken Lernkultur und einer verbesserten Arbeitsleistung sowie geringeren Kündigungsabsichten während organisatorischer Veränderungen (Ju et al. 2021).

Zusätzlich ist es wichtig, Führungskräfte darüber aufzuklären, wie Lernen und Entwicklung evidenzbasiert funktionieren. Viele Führungskräfte haben nur eine begrenzte Vorstellung von lerntheoretischen Konzepten. Es besteht die Gefahr, dass sie ihre eigenen Lernbias, die mit ihrer Machtposition verknüpft sind, durchsetzen möchten.

▶ Beispiel

Lernbegleiter Ulf führt eine Infoveranstaltung für Führungskräfte zu agiler Lernbegleitung durch. Um sie darüber aufzuklären, wie Lernen und Entwicklung funktionieren, startet er mit einigen Schätzfragen, zum Beispiel: „Wie lange, glauben Sie, können Menschen einem Vortrag am Stück konzentriert folgen?" oder „Wie oft muss ein neues Verhalten im Durchschnitt geübt werden, bis es sicher ausgeübt werden kann?" oder „Welche Faktoren außer dem Trainer beeinflussen Lernprozesse?" Er ist überrascht, welche (falschen) Vorstellungen über Gedächtnis, Lernmotivation und Aufmerksamkeit vorherrschen. ◄

> Bei konkreten Lernvorhaben sollte die Führungskraft von Anfang an in die Planung einbezogen werden.

Bei einem konkreten Lernvorhaben sollte die Führungskraft der Lernenden von Anfang an in die Planung einbezogen werden. Lernbegleitung kann darin bestehen, ein Gespräch zwischen Lernenden und Führungskraft zu moderieren. Es ist empfehlenswert, dass die Lernenden zunächst der Führungskraft kurz die für sie relevanten Elemente der erarbeiteten Lernstrategie (vgl. ▶ Kap. 4) präsentieren. Holen Sie anschließend das Feedback der Führungskraft ein. Im nächsten Schritt können Sie mithilfe der folgenden Fragen die Elemente der Lernstrategie klären, die Führungskraft beziehungsweise deren Rolle betreffen. Halten Sie die Vereinbarungen schriftlich fest, um Verbindlichkeit zu schaffen.

- Welcher Nutzen ergibt sich, wenn Ihr Mitarbeitender das Gelernte in der Praxis einsetzt (für Sie, Ihren Mitarbeitenden, die Organisation)?
- Woran wird sich für Sie zeigen, ob der Lernprozess erfolgreich war (Performance-Ziel)?
- Wann/Wie wird überprüft, ob das Performance-Ziel erreicht wurde?
- Wie wird mit Fehlern umgegangen, die den Lernenden im Lernprozess unterlaufen?
- Welche Hindernisse können im Lernprozess auftreten und wie könnten diese aus dem Weg geräumt werden?
- Welche Ressourcen stehen den Lernenden zur Verfügung (zum Beispiel Lernzeit)? Wie könnten Sie Ihre Mitarbeitenden noch unterstützen, damit das Lernvorhaben gelingt?

Stakeholder überzeugen

Um **Stakeholder zu überzeugen**, ist es wichtig, den Nutzen des Lernangebots aus deren Perspektive hervorzuheben: Auf welches Performanceziel zahlt das Lernangebot ein? Welche Auswirkungen hat es auf die konkrete Arbeitspraxis? Wie im Phänomen des Business-Gap (vgl. ▶ Abschn. 2.1.2) beschrieben, tun sich Learning Professionals manchmal schwer, hier die richtigen Worte zu finden. In einer solchen Situation ist es hilfreich, sich zu vergegenwärtigen, welche unterschiedlichen Zieldimensionen sich in einem Unternehmen typischerweise unterscheiden lassen: Es gibt wirtschaftliche Ziele, organisationsbezogene Ziele und qualifikatorische Ziele (Inversini 2005).

Häufig liegt der Fokus in der Kommunikation auf qualifikatorischen Zielen, also auf der Entwicklung und Verbesserung von Fähigkeiten und Kompetenzen. Dies allein reicht jedoch oft nicht aus, um Stakeholder wirklich zu überzeugen. Wesentlich wirkungsvoller ist es, auch die organisationsbezogenen und vor allem wirtschaftlichen Ziele hervorzuheben, die mit dem geplanten Lernangebot erreicht werden können. Hier eine Auflistung zur Argumentationshilfe:

Organisatorische Ziele
- Verbesserung der allgemeinen Arbeitsbedingungen
- Nutzung der Mitarbeitendenpotentiale

- Weiterentwicklung und Steigerung der Leistungsmotivation der Mitarbeitenden
- Erhöhung der Arbeitszufriedenheit und Belastungsoptimierung
- Förderung des Kosten- und Qualitätsbewusstseins der Mitarbeitenden
- Stärkung der Identifikation mit dem Unternehmen
- Optimierung der internen Kommunikation und des Arbeitsklimas
- Entwicklung effektiver Führungsstrukturen und -verhaltensweisen
- Kulturentwicklung
- Verbesserung der Zusammenarbeit in den Teams
- Verbesserung der teamübergreifenden Zusammenarbeit
- Erhöhung von Partizipation und Mitsprache
- Rollenklarheit
- Förderung organisationalen Lernens

Wirtschaftliche Ziele
- Steigerung der Konkurrenzfähigkeit
- Erhöhung der Produktivität
- Steigerung des Umsatzes
- Kostensenkung
- Verbesserung der Kundenorientierung
- Optimierung des Ressourcenmanagements und der Produkt- bzw. Dienstleistungsqualität
- Verbesserung organisationaler Strukturen und Prozessoptimierung
- Optimierung des technischen Systems
- Erhöhung der Termintreue
- Steigerung der Flexibilität
- Reduktion der Durchlaufzeiten
- Sicherung des Produkt-Know-hows
- Reduktion von Fehlzeiten und Fluktuation
- Steigerung der Effizienz in Abläufen und Prozessen
- Erhöhung der Mitarbeiterbindung und -zufriedenheit

(Inversini 2005, S. 31)

Die Einrichtung eines interdisziplinären „**Sounding Board**", das sich speziell mit der Entwicklung der Lernkultur befasst, kann ebenfalls hilfreich sein. Es dient als zusätzliches Reflexionsgremium, das den Verlauf und die Wirkung von agiler Lernbegleitung aus einer übergeordneten Perspektive thematisiert und als Seismograf für das Management sowie das Changeteam fungiert. Das Sounding Board hat keine Entscheidungsbefugnis, sondern dient in diesem Zusammenhang als „Resonanzboden" und bringt Meinungen von Stakeholdern und Mitarbeitenden zum Vorschein.

> Ein interdisziplinäres „Sounding Board" kann als zusätzliches Reflexionsgremium dienen.

11.3 Lernmarketing

Neben einem gezielten Stakeholdermanagement sind allgemeine interne Marketingmaßnahmen entscheidend, um agile Lernbegleitung im Unternehmen bekannt zu machen und zu etablieren.

Werden Sie zum Lerninfluencer und stärken Sie die Wahrnehmung und Wertschätzung von Lernbegleitung innerhalb des Unternehmens. Ein hilfreicher Leitfaden in diesem Prozess sind die „Prinzipien des Überzeugens" von Cialdini (2021). Er unterscheidet insgesamt sechs Prinzipien:

Reziprozität: Menschen neigen dazu, Gefallen zu erwidern. Wenn uns jemand einen Gefallen tut, fühlen wir uns verpflichtet, etwas zurückzugeben. Ein klassisches Beispiel ist der Espresso auf Kosten des Hauses im Restaurant, der oft zu einem höheren Trinkgeld und einer höheren Wiederbesuchsrate führt. In Bezug auf die Vermarktung agiler Lernbegleitung könnte dies bedeuten, dass Sie Ihre Kompetenzen als Lernbegleiter auch anderweitig zur Verfügung stellen, etwa für die Moderation von Workshops oder die Bereitstellung hilfreicher Informationen.

Autorität: Menschen sind eher geneigt, Autoritäten zu folgen. Im Krankenhaus widerspricht man als Patient einem Arzt eher selten. Für das Lernmarketing bedeutet dies, dass Führungskräfte oder anerkannte Experten im Unternehmen die Methode unterstützen und empfehlen sollten. Gewinnen Sie Autoritäten, die sich positiv zu agiler Lernbegleitung äußern, sei es per Video, bei Veranstaltungseröffnungen oder in schriftlichen Rundmails.

Sympathie: Menschen lassen sich eher von Personen überzeugen, die sie sympathisch finden. Ein freundlicher und offener Verkäufer überzeugt eher als sein griesgrämiger Kollege. Investieren Sie in Beziehungsarbeit und halten Sie regelmäßigen Kontakt: Vertrautheit durch wiederholten, positiven Kontakt fördert Sympathie. Hören Sie zu, stellen Sie Fragen und verwenden Sie eine zielgruppengerechte Kommunikation, die HR-Jargon vermeidet und Ihr Gegenüber sich wirklich verstanden fühlen lässt.

Konsistenz: Menschen streben danach, konsistent zu handeln. Einmal öffentlich geäußerte Absichten, wie das regelmäßige Sporttreiben, werden eher beibehalten, wenn sie vor Freunden und Kollegen ausgesprochen wurden. Übertragen auf das Lernmarketing bedeutet dies, dass öffentliche Commitments zur agilen Lernbegleitung die Wahrscheinlichkeit erhöhen, dass Mitarbeiter sich daran halten.

Knappheit: Menschen schätzen Dinge höher ein, die als selten oder begrenzt verfügbar gelten. „Nur noch 1 Zimmer verfügbar" heißt es auf den einschlägigen Buchungsportalen. Betonen Sie die Exklusivität von agiler Lernbegleitung, um das Interesse zu steigern. Vermeiden Sie jedoch gefälschte Knappheit, da dies das Vertrauen untergraben kann.

Soziale Bewährtheit: Menschen orientieren sich am Verhalten anderer. Die Fünf-Sterne-Bewertung eines Produkts auf Amazon erzeugt Vertrauen und beeinflusst unsere Entscheidungen. Die Verbreitung von Erfolgsgeschichten und positiven Erfahrungen mit der agilen Lernbegleitung kann daher die Akzeptanz im Unternehmen erhöhen. Führen Sie Interviews mit den Lernenden und teilen Sie deren Erfahrungen und Erfolge in Netzwerken. Auch Erfahrungsberichte von „Friendly Early Users" können inspirierend wirken und andere Mitarbeitende motivieren, sich ebenfalls auf den Weg der Lernbegleitung zu begeben. Besonders wirkungsvoll ist es, wenn eine Führungskraft selbst die Initiative ergreift und sich als Erste auf die Reise der agilen Lernbegleitung begibt. Auch niedrigschwellige Austauschformate wie „Public Learning" oder unternehmensweite „Learning Days" schaffen ein Bewusstsein für die Relevanz des Lernens. Herausragende Beispiele für erfolgreiche Lerninitiativen sind etwa „DATEV lernt" (Kortsch et al. 2023) und „LEX – Lernen von Experten" der Deutschen Telekom (Ebner 2020). Auch die Siegerprojekte des jährlich vergebenen eLearning Award liefern einen fundierten Einblick in innovative und erfolgreiche Lerninitiativen (▶ https://www.elearning-journal.com/elearning-award-2024/).

◘ Abb. 11.2 fasst noch einmal die wichtigsten Punkte aus diesem Kapitel zusammen.

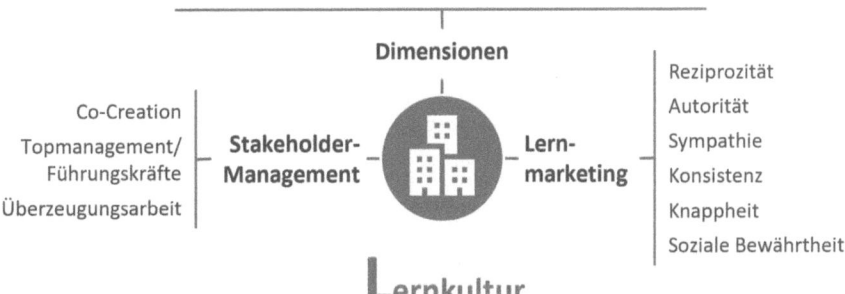

◘ **Abb. 11.2** Lernkultur – Zusammenfassung

Literatur

Bamberry, G., Sabri-Matanagh, S., & Duncan, G. (2015). The Impact of a Learning Culture on Organisational Change in Regional SMEs. International Journal of Learning and Change, 8, 1–20.

Cialdini, R. B., (2021). Influence, new and expanded: The Psychology of Persuasion. HarperCollins.

Ebner, W. (2020). Kleine Idee, große Wirkung: Die Erfolgsgeschichte von LEX – Lernen von Experten. Telekom Blog. https://www.telekom.com/de/blog/konzern/artikel/lernen-von-experten-lexdie-erfolgsgeschichte-615210. Zugegriffen: 14. Juni 2023.

Galvagno, M. and Dalli, D. (2014), „Theory of value co-creation: a systematic literature review", Managing Service Quality: An International Journal, Vol. 24 No. 6, pp. 643–683. https://doi.org/10.1108/MSQ-09-2013-0187

Hewett, R., & Shantz, A. (2021). A theory of HR co-creation. Human Resource Management Review, 31(4), 100823. https://doi.org/10.1016/j.hrmr.2021.100823

Inversini, S. (2005). Wirkungsvolles Change Management in Abhängigkeit von situativen Anforderungen: Organisationale Veränderungsprozesse im Spannungsfeld von betrieblichen Voraussetzungen und Umweltanforderungen unter Berücksichtigung der wirtschaftlichen, organisationsbezogenen und qualifikatorischen Erfolgskriterien. Dissertation, Universität Zürich.

Ju, B., Lee, Y., Park, S., & Yoon, S.W. (2021). A Meta-analytic review of the relationship between learning organization and organizational performance and employee attitudes: using the dimensions of learning organization questionnaire. Human Resource Development Review, 20(2), 207–251.

Kluge, S. & Kluge, A. (2020). Graswurzelinitiativen in Unternehmen: ohne Auftrag – mit Erfolg!: Wie Veränderungen aus der Mitte des Unternehmens entstehen – und wie sie erfolgreich sein können. Vahlen

Kortsch, T., Kaiser, C., & Stüve, T. (2023). Transformation durch Lernen: Wie die Unternehmenstransformation der DATEV eG mit verschiedenen Dialog- und Lernformaten gestaltet wird. Gruppe. Interaktion. Organisation. Zeitschrift für Angewandte Organisationspsychologie (GIO), 54, 403–410. https://doi.org/10.1007/s11612-023-00698-1

Marsick, V., & Watkins, K. (2003). Demonstrating the value of an organization's learning culture: the dimensions of the learning organization questionnaire. Advances in Developing Human Resources, 5(2), 132–151.

Schein, E.H. (2010). Organizational culture and leadership. John Wiley & Sons.

Sonntag, K., & Stegmaier, R. (2008). Das Lernkulturinventar (LKI) – Ermittlung von Lernkulturen in Wirtschaft und Verwaltung. In R. Fisch, A. Müller, & D. Beck (Hrsg.), Veränderungen in Organisationen. VS Verlag für Sozialwissenschaften, 227–247. https://doi.org/10.1007/978-3-531-91166-3_10

Schluss

Die agile Lernbegleitung bewirkt eine tiefgreifende Transformation im betrieblichen Lernen. Diese Transformation ist nicht nur eine methodische Erneuerung, sondern ein Paradigmenwechsel, der die Art und Weise, wie Organisationen Lernen verstehen und umsetzen, grundlegend verändert. Sie spiegelt eine Entwicklung wider, die sich an den Bedürfnissen einer digitalisierten und vernetzten Arbeitswelt orientiert und traditionelle Lernkonzepte hinterfragt und neu definiert.

Agile Lernbegleitung markiert als Transformationsprozess den Übergang von traditionellen, oft starren Lernstrukturen zu einem dynamischen, flexiblen und anpassungsfähigen Lernumfeld. Dieser Wandel erfordert Ambidextrie, also die Fähigkeit, sowohl klassische als auch agile Lernangebote effektiv zu nutzen und zu integrieren. Dies ermöglicht es Organisationen, ein breites Spektrum an Lernbedürfnissen zu erreichen und gleichzeitig innovativ und reaktionsfähig zu bleiben. Es ist ein Prozess, der eine tiefgreifende Neuausrichtung der Lernkultur erfordert und die Grundlage für eine zukunftsfähige, lernorientierte Organisation bildet.

Mit der Einführung agiler Lernbegleitung ändern sich auch die Rollen aller Beteiligten grundlegend. Lernende werden zu aktiven Gestaltern ihres Lernprozesses, übernehmen mehr Verantwortung für ihre Entwicklung und nutzen vielfältige Lernressourcen. Sie werden zu Protagonisten ihrer eigenen Lernreise; das stärkt ihre Selbstmotivation und führt zu einer tieferen Verankerung des Gelernten. Lernbegleiter fungieren nicht mehr nur als Wissensvermittler, sondern als Coachs und Facilitators, die den Lernprozess unterstützen, begleiten und individuell anpassen. Sie entwickeln sich zu Wegbereitern, die Lernende in ihrer Entwicklung stärken und fördern. Führungskräfte spielen ebenfalls eine entscheidende Rolle, indem sie zu Lernprozessen ermuntern, Ressourcen bereitstellen und für eine Kultur des kontinuierlichen Lernens eintreten. Sie werden zu Schlüsselfiguren im Schaffen einer lernförderlichen Umgebung und im Voranbringen des organisationalen Lernens.

Das Lernen selbst erfährt durch die agile Lernbegleitung eine grundlegende Veränderung: Es wird selbstgesteuerter und flexibler, mit einem Fokus auf praktischer Anwendung und Reflexion. Lernen wird zunehmend in den Arbeitsalltag integriert, wobei digitale Lernformate und soziale Medien eine größere Rolle spielen. Informelles Lernen und Peer-to-Peer-Austausch gewinnen an Bedeutung und Lernprozesse werden durch Feedback und kontinuierliche Verbesserung geprägt.

Diese Veränderung fördert eine Lernkultur, die auf Kollaboration, Selbstreflexion und kontinuierliche Anpassung ausgerichtet ist.

Agile Lernbegleitung ist mehr als eine Methode; sie ist ein umfassendes Konzept, das auf die Herausforderungen und Veränderungen der modernen Arbeitswelt reagiert (◘ Abb. 12.1). Sie verkörpert das Prinzip des „Good Learning" mit den drei E: Effektivität, Effizienz und Empowerment.

Effektivität wird durch maßgeschneiderte Lernpfade erreicht, die sicherstellen, dass Lerninhalte relevant und anwendbar sind. Sie ermöglicht es Lernenden, sich auf das Wesentliche zu konzentrieren und ihre Kompetenzen gezielt zu erweitern. Effizienz wird durch flexible Lernformate und den Einsatz digitaler Technologien gefördert, die ein zeit- und ortsunabhängiges Lernen ermöglichen. Dies führt zu einer Optimierung des Lernprozesses und einer besseren Vereinbarkeit von Lernen und Arbeit. Empowerment schließlich spiegelt sich im aktiven Einbeziehen der Lernenden in ihren Lernprozess wider, wodurch Autonomie und Selbstbestimmung gestärkt werden. Dies fördert das Engagement und die Motivation der Lernenden und trägt zu einer nachhaltigen Lernkultur bei.

Die drei Grundfragen des Lernens – Was wird gelernt? Wie wird gelernt? Warum wird gelernt? – wurden schon immer gestellt. Agile Lernbegleitung bietet jedoch neue Antworten auf diese Fragen, die den Anforderungen einer sich schnell verändernden Arbeitswelt gerecht werden. Sie ermöglicht es Organisationen, Lernen als kontinuierlichen, integrativen Prozess zu gestalten, der sowohl individuelle als auch organisationale Entwicklung fördert.

Zusammenfassend lässt sich sagen, dass agile Lernbegleitung nicht nur eine Antwort auf die aktuellen Herausforderungen im Bereich des betrieblichen Lernens bietet, sondern auch zukunftsweisend ist. Sie ermöglicht es Organisationen, ein Lernumfeld zu schaffen, das anpassungsfähig, innovativ und nachhaltig ist und somit einen wesentlichen Beitrag zur Gesamtentwicklung und zum Erfolg der Organisation leistet. Agile Lernbegleitung ist ein Schlüsselkonzept für Organisationen, die in einer sich schnell verändernden Welt bestehen und wachsen wollen.

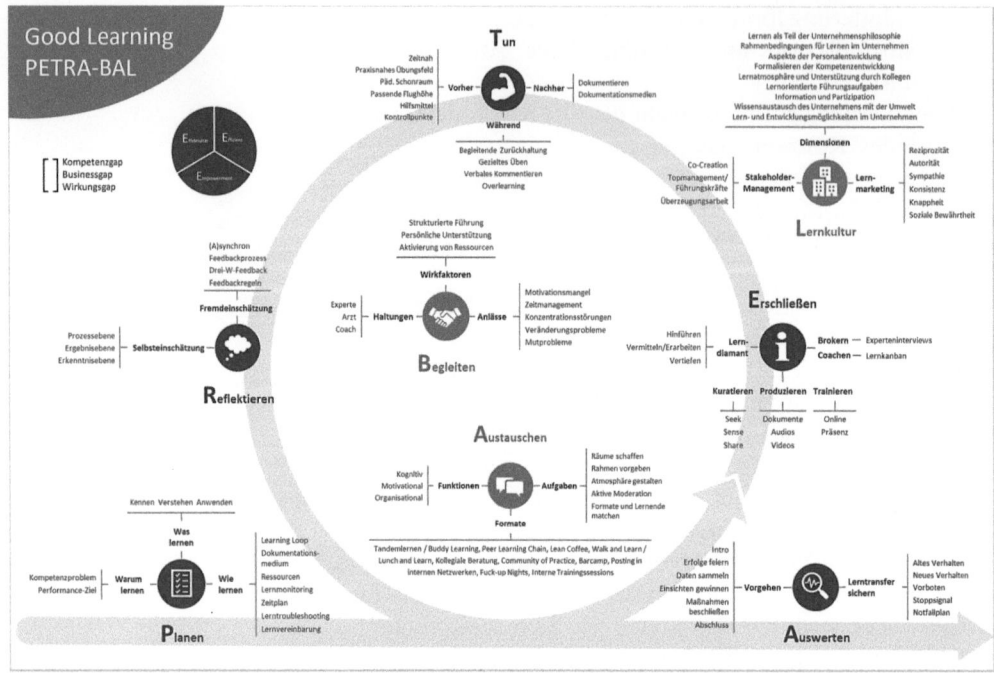

Abb. 12.1 Good Learning: PETRA-BAL

MIX
Papier aus verantwortungsvollen Quellen
Paper from responsible sources
FSC® C105338

If you have any concerns about our products,
you can contact us on
ProductSafety@springernature.com

In case Publisher is established outside the EU,
the EU authorized representative is:
Springer Nature Customer Service Center GmbH
Europaplatz 3, 69115 Heidelberg, Germany

Printed by Libri Plureos GmbH
in Hamburg, Germany